辛弃疾诗词集

【宋】辛弃疾／著
叶施水／编著

江苏凤凰文艺出版社

图书在版编目（CIP）数据

辛弃疾诗词集 /（宋）辛弃疾著；叶施水编著 . -- 南京：江苏凤凰文艺出版社，2020.1

（中国诗词大家系列丛书）

ISBN 978-7-5594-4414-1

Ⅰ . ①辛… Ⅱ . ①辛… ②叶… Ⅲ . ①宋诗－诗集②宋词－选集 Ⅳ . ① I222

中国版本图书馆 CIP 数据核字 (2019) 第 287230 号

辛弃疾诗词集

［宋］辛弃疾　著　叶施水编著

总 策 划　慧源通
总 编 辑　徐运全
责任编辑　王昕宁
特约编辑　陈长元
责任校对　卓爱华
装帧设计　李志雪
出版发行　江苏凤凰文艺出版社
　　　　　南京市中央路165号，邮编：210009
网　　址　http://www.jswenyi.com
印　　刷　嘉业印刷（天津）有限公司
开　　本　880×1230毫米 1/32
印　　张　8
字　　数　150千字
版　　次　2020年1月第1版　2020年1月第1次印刷
书　　号　ISBN 978-7-5594-4414-1
定　　价　36.80元

前 言

辛弃疾（1140 — 1207），原字坦夫，后改字幼安，中年后别号稼轩，山东东路济南府历城县（今济南历城）人，南宋豪放派词人、将领，有“词中之龙”之称。与苏轼合称“苏辛”，与李清照并称“济南二安”。

靖康之难后，中原大部分地区被金人占领。辛弃疾祖父辛赞因故未能随宋室南下，出仕于金。辛弃疾因父亲早亡，幼年就随祖父读书。祖父灌输给辛弃疾的爱国思想，对其一生影响很大。

宋被金国入侵后，在北方的中原地区爆发了大规模的抗金起义。年仅二十三岁的辛弃疾在起义队伍中表现突出，赢得了广泛赞誉，南宋朝廷对他很赞赏。宋高宗绍兴三十二年（1162 年），辛弃疾奉表归南宋。

南归后，辛弃疾的报国热情更高，曾进奏《美芹十论》，又上宰相《九议》，进一步阐发《美芹十论》的思想，因南宋小朝廷被主和派把持，他的战略思想未能得到朝廷采纳，最终使辛弃疾的努力付诸东流。嘉泰年间，时任宰相韩侂胄求功心切，急于对金开战。然辛弃疾认为南宋还未做好充分准备，需再等时日。由于政见的不合，辛弃疾后来遭到弹劾被贬。果然，开战后，南宋一败涂地，不得不向金求和。辛弃疾国事忧虑激愤，最后抱恨而殁。辛弃疾为国家献出了自己的一生，希望早日光复大好河山的愿望，但终其一生无法实现。

辛弃疾一生中在政治上的不幸失败，却成就了他的文学之名，他将报国无门的愤恨融入诗词创作中，终成一位彪炳史册的大词人，依然不失为一代英雄。

辛弃疾将自己在军事、政治方面的才华表现在其豪放的词作中，从而完成了他对词境的开拓与突破，所以，在他的词作中充满了英雄豪气，而其不凡的经历和不幸的遭遇，在词作中的交互激荡，也成就了辛弃疾豪放派词人的诗名。

辛弃疾是南宋爱国词派的领袖和旗帜。他继承了苏轼的豪放词风和南宋前期爱国词人的传统，进一步扩大了词的表现范围，境界更阔大，手法更多样，融进了诗歌、散文、辞赋、经史百家成语，语言丰富多彩，是豪放词的集大成者，推动了词风的转变，在词史上具有重要意义。其词多以国家、民族的现实问题为题材，抒发慷慨激昂的爱国之情、矢志恢复祖国统一的豪情、对北方地区的怀念和对抗金斗争的赞扬、对南宋朝廷屈辱苟安的不满和壮志难酬的忧愤，如《水龙吟·甲辰岁寿韩南涧尚书》《菩萨蛮·书江西造口壁》《破阵子·为陈同父赋壮词以寄之》《摸鱼儿·更能消几番风雨》《贺新郎·同父见和，再用前韵》《鹧鸪天·有客慨然谈功名因追念少年时事戏作》《永遇乐·京口北固亭怀古》等。这些作品大都基调昂扬，热情奔放，充满了正能量，形成了南宋中叶以后声势浩大的爱国词派，后世中每当国家、民族危急之时，很多爱国作家都从辛弃疾的词中汲取精神上的力量，鼓励自己，鼓舞民族士气。他的词中也有大量清丽婉媚的婉约之作，反映了作者多方面的精神生活和艺术造诣，如《满江红·中秋寄远》。所以说，辛弃疾在中国词坛上具有举足轻重的地位，在其生前身后都享有极高的声誉，他的词作是我国古典文学遗产的瑰宝，值得我们学习和继承。

辛弃疾能文能武，才高八斗，为中国文学史添上了浓墨重彩的一笔，他的词作现存六百多首，是两宋存词最多的作家。在词作成就之外，辛弃疾的散文也颇有成就，尤以议论文为佳，《美芹十论》《九议》等军事和政治著作与他的词作一样，笔势磅礴，充满豪情。他能用形象的比喻，有力的证据，严密的论证，和鞭辟入里的分析，使他的文章具有不容置疑的说服力。因此，后人视他为南宋时期政论文的大手笔，《美芹十论》也成了辛弃疾的代名词。

此外，辛弃疾的书法也有一定的成就，他的《去国帖》今藏于故宫博物院。纸本，行书十行，为酬应类信札。末署“宣教郎新除秘阁修撰权江南西路提点刑狱公事辛弃疾札子”。中锋用笔，点画规矩，书写流畅自如，于圆润爽丽中不失挺拔方正之气象。

辛弃疾独特的词作风格被称为“稼轩体”，有《稼轩长短句》存世。另有今人辑《辛稼轩诗文钞存》。

为满足广大读者对辛弃疾一生具代表性作品的阅读与鉴赏需求，我们精心编写了这本《辛弃疾诗词集》，收录了辛弃疾不同时期的词作《清平乐·村居》《西江月·夜行黄沙道中》《丑奴儿·书博山道中壁》《永遇乐·京口北固亭怀古》《摸鱼儿·更能消几番风雨》等五十五首，并附《辛弃疾大事记》。在编写体例上，我们集众家之长，扬独家之见，辟原文、注释、译文、创作背景、赏析和轶闻异物录六个栏目。

本书秉承忠实于原著的思想，在原文、注释、创作背景板块中力求翔实，对有争议的原文、注解或创作年代，我们也在精心考证后作出综合分析、研判，给出较符合史实及作品内容的说法，同时附上争议者的观点，供大家阅读时参考；在译文、赏析和轶闻异物录板块中，我们在力求翔实的基础上，给出了编著者个人或集体的思想和看法，而且在赏析过程中，力求挖掘原著中的美学价值和其宝贵的艺术价值、思想价值，力求客观地呈现给读者一篇艺术再创作的美文。

本书在编写过程中，参考了中华书局 1986 年 12 月第 1 版《宋詩钞》（2020.9 重印）、1999 年 1 月北京第 1 版《全宋词（简体增订本）》（2018.6 重印）、上海辞书出版社 2013 年出版的《宋词鉴赏辞典》（新一版）。

由于编著者的能力所限，本书在编写过程中难免存在差错或遗漏，敬请广大读者批评指正。

目　录

生查子·重叶梅[1]

百花头上[2]开，冰雪寒中见[3](xiàn)。霜月[4]定相知[5]，先识春风面。

主人情意深，不管江妃[6]怨。折我最繁枝[7]，还许[8]冰壶荐[9](jiàn)。

◎注释

① 重叶梅：梅花的一个品种，花头比较大，盛开时像小白莲，叶层也较多，是梅中奇品。

② 头上：先，在之前。

③ 见：通“现”，显现，出现。

④ 霜月：形容月色像秋霜一样。

⑤ 相知：相互了解，在这里是了解我的意思。

⑥ 江妃：这里代指梅妃，唐玄宗的宠妃，号梅妃。

⑦ 折我句：语出苏轼《再和杨公济梅花十绝》“湖面初惊片片飞，樽前吹折最繁枝。”

⑧ 还许：答应回来之后。

⑨ 冰壶荐：这里是插在冰壶里的意思。荐：进，进献 。

◎译文

你开在百花开放之前，总能在冰天雪地中见到你绽放的容颜，皎洁的月光更显你的品性，也只有你我是最相知的知己了，料峭春寒中，你是第一个识得春风的君子。

主人对我的情谊深厚无比，知道我十分喜爱你，就不管江妃会如何抱怨，也要折下最繁密最漂亮的一支送给我，我答应他回来之后，一定要插在最好的玉瓶中好好地供养你，让更多的人观赏你。

◎创作背景

宋高宗绍兴三十二年（1162年），青年时期的辛弃疾满怀报国雄心，渡江投奔南宋，然而力主抗金、收复中原的仁人志士屡遭投降派的打击，当权者的所作所为令他大失所望。词人看到在寒风中盛开的重叶梅，感慨于重叶梅不畏严寒的精神和不怕雪寒风摧的高尚品格，写下这首词，既是赞美梅花不畏严寒的品性，更是表达自己坚决抗金的心志。

◎赏析

这首咏重叶梅的词，通过描写重叶梅在雪中独放的情形和主人对重叶梅的深情喜爱，突出重叶梅不畏严寒的高洁品格。这首词在赞美梅花凌霜傲雪品格时，也寄托了词人对自己的命运与身影的描绘，抒发了词人孤高脱俗的志趣和超卓挺拔的个性品质。

“百花头上开，冰雪寒中见”，开头陈述重叶梅雪中独放的特性，化用了“春脚移从何处来，未到百花先到梅”和“前村深雪里，昨夜一枝开”两首诗，写出重叶梅不怕风雪严冬，在百花开放之前开放的从容自如，从而突出重叶梅不怕雪虐风威的高尚品格。

“霜月定相知，先识春风面”，写梅花报春。在早春开放的重叶梅，与寒霜冷月相知，这与晁无咎的诗“一萼故应先腊破，百花浑未觉春来”意思相近，在“百花浑未觉春来”的时候“先识春风面”，具有先百花而报春的先觉者的独特品格，表现出重叶梅在百花开放之前就已经开放的特性。

“主人情意深，不管江妃怨”，写主人对重叶梅的喜爱，并且不论何种处境，对重叶梅的喜爱从未动摇过。这两句词除了说明主人爱梅之外，也从侧面衬托出重叶梅之美与可贵。

“折我最繁枝，还许冰壶荐”，这两句紧承上句“情意深”，是对主人爱梅之情的具体描述。主人把最好的重叶梅折下来，插在冰壶水中，供自己和友人玩赏，表现出词人心目中“梅即是我，我即是梅”的“花人合一”情愫。

整首词中，词人对重叶梅的形态并没有进行细致的描摹，而是突出其不畏严寒的精神，深得咏物词“取其形不如取其神”的真谛。

◎轶闻异物录

梅妃

梅妃，本名江采萍，莆田（今福建莆田）人，唐玄宗早年宠妃之一，是大唐王朝有名的才女妃子。

江采萍出生于悬壶济世的医道世家，父亲江仲逊是秀才出身的儒医。江仲逊三十多岁的时候才有了这个宝贝女儿，加上她天资聪颖，所以对她疼爱有加，自小就教她读书识字、吟诵诗文，九岁时就能吟诵《诗经》中的《周南篇》和《召南篇》。后来不仅长于诗赋，还精通乐器，善歌舞，琴棋书画无所不通。江采萍爱梅如狂，江仲逊不惜重金，寻各种梅树，种满房前屋后。在梅花熏陶下，她也烙下了梅的气节，高雅娴静。

开元中，唐玄宗宠爱的武惠妃死后，高力士出使闽越为玄宗选美。高力士到了闽地后，探听到江家有女清丽绝世。于是以重礼相聘，携梅妃回长安。江采萍被选入宫。唐玄宗爱如至宝，大加宠幸，赐东宫正一品皇妃，号梅妃 。梅妃喜梅，气节若梅。后被杨贵妃贬入冷宫上阳东宫。天宝十五载（756 年），安禄山发动叛乱（史称安史之乱），唐玄宗落逃时没带冷宫中的梅妃，梅妃白绫裹身，投井自尽。

汉宫春·立春日[1]

春已归来，看美人头上，袅袅[2]春幡[3]。无端[4]风雨，未肯收尽余寒。年时燕子[5]，料今宵、梦到西园[6]。浑[7]未办、黄柑荐酒[8]，更传青韭堆盘[9]。

却笑东风从此，便薰梅染柳[10]，更没些闲。闲时又来镜里，转变朱颜[11]。清愁不断，问何人、会解连环[12]？生怕见、花开花落，朝来塞雁[13]先还。

◎注释

① 立春日：二十四节气中的第一个节气，意味着春天的开始。

② 袅袅：随风飘舞的样子。

③ 春幡：古代风俗，每逢立春，剪彩绸为花、－燕等状，插于妇女头上，或缀于花枝下，曰春幡，表示喜庆。宋代时尤其盛行。

④ 无端：平白无故地。

⑤ 年时燕子：指去年南来的燕子。

⑥ 西园：汉代京城长安西郊有上林苑，北宋都城汴京西门外有琼林苑，都称西园，是专供皇帝打猎和游赏的地方。这里代指北宋旧京和中原故土。

⑦ 浑：全然。

⑧ 黄柑荐酒：黄柑酿制的腊酒。

⑨ 青韭堆盘：语出苏轼《立春日小集戏辛端叔》诗“辛盘得青韭，腊酒是黄柑。”意思是在立春日用葱、蒜、韭、芥等辛辣佐料做成菜肴，作一种被称为黄柑的腊酒的佐酒菜，庆祝春天的到来。

⑩ 薰梅染柳：东风吹开了梅花、吹绿了柳树。

⑪ 朱颜：年轻时的容颜，因为年轻，所以面似桃花，粉中透红。

⑫ 解连环：据《战国策 · 齐策》记载，秦昭王遣使齐国，送上玉连环一串，请齐人解环。群臣莫解。齐后以椎击破之，曰：环解矣。这里用以比喻心中的忧愁难以解开。

⑬ 塞雁：北方塞外飞来的大雁。

◎译文

美好的春光已经回到了人间，看，美人头上插着的春幡是多么的鲜艳呀。只是这些可恶的风雨，还不肯把冬日的寒气收走。去年的燕子还没有归来，料想今夜又要梦回西园了。该做的事情都还没去做呢，哪里还有什么心情去置办互相问候的黄柑腊酒，还有那些葱、韭、蒜之类的过节之物。

东风啊东风，自今日起，你又开启了把人间的梅花薰红、柳枝染绿的工程了，再也没有清闲的时刻了。而你一旦有了闲暇时间，就又到镜子里，改变人的青春容颜。我的愁绪一环扣着一环，环环相连，绵绵不断，请问，有谁可以帮我解开呀？真的害怕看到花开花落的场景，早上起床，更担心那些塞外之雁比我还早回到北方去了。

◎创作背景

宋高宗绍兴三十二年（1162 年），词人从金国归于南宋，刚刚成家寓居在京口。据邓广铭先生考证，这首词是词人南归后的第一首作品，应作于次年春，即宋孝宗隆兴元年（1163 年）。

◎赏析

这首词通过描写民间立春日的习俗，借天时人事，抒发他对恢复大业的深切关注和怀念故国的深情，表达他激昂奋发的情怀和英雄无用武之地的苦闷，以及对南宋君臣苟安江南、不思恢复的不满。

“春已归来，看美人头上，袅袅春幡”，开篇点题，点明立春节气。以一个“看”字，将春天的气息，通过妇女们立春日的头饰散布出来；又以“袅袅”一词形容“春幡”摇曳的姿态，化静为动，仿佛微风吹拂，更见春意盎然。这几句暗示了词人对于春归的喜悦之情。

“无端风雨，未肯收尽余寒”，描写对寒风冷雨阻碍春来的幽怨。“无端”二字蕴含词人的抱怨、不满之意。突如其来的转折，让人不禁联想这并非只是自然界的天时变化，也暗指了南宋最高统治集团惊魂不定、碌碌无为的状态，宛如被余寒笼罩。

“年时燕子，料今宵、梦到西园”，借描写燕子表达词人自己思国之情。因余寒未尽，去年南来的燕子还不能回到北方故国，燕子虽无法归去，词人却给了它一个回到“西园”的“梦”。这个“料”字，化无理为有趣，表明词人已然将燕子当成了思念故国的精神象征。而燕子只能“梦”却不能“到”西园，暗示着词人的故国汴京，依然被金人所占领，所以词人徒有故国之思，却不能一探故里。这里运用了比兴手法表达词人怀念故国的感情，借燕传情，令人寻味不尽。

“浑未办、黄柑荐酒，更传青韭堆盘”，这里又回到对立春日的描写。“黄柑荐酒”和“青韭堆盘”本是立春日应备的食物，词人却无心准备，并且显得心烦意乱。“浑”和“更”字将词人的这种负面情绪一步步推向高潮。词人在这里并没有说明原因，但结合词人处境可知，是浓烈的思国之情和报国无门的苦闷之情，使词人完全乱了方寸。

“却笑东风从此，便薰梅染柳，更没些闲。闲时又来镜里，转变朱颜”，词人预想立春后的情景。“笑”字故意打散了上片中的紧张和烦乱情绪，并有正话反说的趣味。“笑”在这里有两重含义，一是东风染追花草，使万紫千红的春天渐次到来，词人便取笑东风从此不得清闲；二是东风偶尔清闲时，只是把镜中人的“朱颜”转变成衰老。春天越来越华美而词人却越来越衰老，在这一强烈对照中，词人的“笑”，分明是含着泪。自然永在，而人生易老，词人深恐自己蹉跎岁月，年华虚度，这里也表达了词人初归南宋急欲报国、收复失土的决心。

“清愁不断，问何人、会解连环”，抒写词人的清愁，托出真情，化用“解连环”的典故，表明自己不断滋生、越积超重的清愁，像一个不见首尾的连环一样，不打碎则无法解开连环，这是一种与生命共始终的感情。然而环顾当前，南宋最高统治集团中，哪里有能作出抗金的正确决策的智勇人物。“问何人”写足了词人被沉沉的家国之情、生命之悲所萦绕，急于摆脱又无可摆脱的痛苦，也含蓄地表达了词人对于南宋统治者的幽怨之情。

“生怕见、花开花落，朝来塞雁先还”，表明了词人惆怅的原因。这一年的花由盛开又复败落，而失地却未能收复，有家仍难归去，这里有词人惜春惜时的感情，也有怀念故国的感情，更有对于南宋统治者久不作恢复之计的怨尤。这里不仅解释了上片中的无端幽怨和烦乱，而且全词的主旨也从这花开花落、塞雁先还的意象中表达了出来。

全词言辞直白，情绪激越，结构严谨，意境幽远，寓事于情，内涵丰富，同时运用了比兴的手法，使风雨、燕子、西园、梅柳、塞雁等物在本意之外，构成了富有象征意义的意象体系，使这首词传情含蓄而深沉，留给人审美再创造的余地。

◎轶闻异物录

立春

立春，是二十四节气中的第一个节气，又称“打春”。

立春是一个略带转折色彩的节气，这种转折在全国范围并不是十分明显，但立春后白天渐长，意味着最严寒的时期基本过去，天气开始逐渐回暖，万物渐次复苏。在南方岭南，早春的气息已扑面而来；而在北方，立春，更多的只能说是春天的前奏，并没进入春天。

立春代表着岁始。立春前一天被称为节分，人们为了驱邪纳福，便产生了一系列活动。古人最原始的两种信仰：一是天地信仰，二是祖先信仰。古人深信神灵是万事万物的主宰，认为天地神灵以及祖先神灵左右着人们的生活和命运。古人重视岁首，在岁首吉日举行祭祝祈年活动，以表达对神灵祖先的崇拜、敬重和敬畏，并祈求丰收。

满江红·暮春

家住江南，又过了、清明寒食[①]。花径里、一番风雨，一番狼藉[②]。流水暗随红粉[③]去，园林渐觉清阴密[④]。算年年、落尽刺桐[⑤]花，寒无力。

庭院静，空相忆。无说处，闲愁极。怕流莺乳燕[⑥]，得知消息。尺素[⑦]如今何处也，彩云[⑧]依旧无踪迹。谩[⑨]教人、羞去上层楼[⑩]，平芜[⑪]碧。

◎注释

① 清明寒食：即清明节和寒食节。寒食节在清明节前两日，过了清明寒食，便是暮春天气。

② 狼藉：形容杂乱无章的样子。语出欧阳修《采桑子·群芳过后西湖好》词：“狼藉残红，飞絮濛濛。”这里指落花散乱的样子。

③ 红粉：本指妇女化妆用的胭脂与白粉，这里指落花。

④ 清阴密：指碧绿的树叶长得茂密。

⑤ 刺桐：豆科落叶乔木，外形像梧桐，有黑色圆锥形棘刺，早春开花。

⑥ 流莺乳燕：鸣声圆转的黄莺鸟和燕子。这里代指鼓唇弄舌、搬弄是非的权奸佞臣。

⑦ 尺素：书信的意思。语出古乐府《饮马长城窟行》：“客从远方来，遗我双鲤鱼。呼儿烹鲤鱼，中有尺素书。”这里指词人的一些好的抗金建议、奏折一类文章。

⑧ 彩云：借指所想念的人和事，即抗金的事情和好的消息。一作“绿云”。

⑨ 谩：徒然，枉然的意思。

⑩ 层楼：高楼。

⑪ 平芜：指杂草繁茂的原野。

◎译文

我的家住在美丽的长江南岸，又是一个清明寒食节过去了。看看花园小径上，一场风雨过后，落花遍地，一片狼藉。飘落的红花随着流水静静地飘走了，花园里翠绿的树木，枝叶渐渐变得浓密了。这一年又一年，刺桐花都落尽了，一冬天寒冷的气息也没有了。

静寂的庭院里，我一个人在空空地回忆着过去。满心的话语无处可说，为国而忧的愁绪把我闷到了极点。可是，我又担心那些多嘴多舌的“流莺乳燕”们，如果他们知道了这个消息，又要陷害我。如今也不知道书信能够寄往哪里，我想念的朋友仍然没有踪迹。枉为男人，我实在没有脸面再上楼去瞭望了，因为，看不到一个抗金的人，只能看见原野上那一片茂盛的庄稼，碧绿无垠。

◎创作背景

这首词是宋孝宗隆兴二年（1164 年），词人南归后的第二个春末，在江阴军签判任上，有感于整个南宋朝廷没有人出来主持抗金大业，创作此词。

◎赏析

这首词看起来像是一首委婉缠绵的伤春相思词，实则是词人在遭遇陷害之后，不敢直接表达自己的抗金意愿，只能通过描写江南暮春的景色，借一个女子思念远方的情人之口，抒发自己抗金报国之情。

“家住江南，又过了、清明寒食”，点明时间地点，情韵含藏。“江南”点明地点，表面是突出这一位女子是比家住塞北的女子更娇柔的江南女子，她在抱怨；实则是与词中要表达的情感形成对照和对比，突出生活在北方被金人占领地区的老百姓内心里的失望和抱怨。“又”字用得很传神，表明不止一次独自度过暮春的寂寞和哀愁，使往年暮春的心情被撩拨起来，同时与后文中的“年年”相呼应，表明金人占领中原地区已经不是一年两年了。这两句是词人暗喻南宋朝廷躲在江南地区，苟且偷生了一年一年又一年。

“花径里、一番风雨，一番狼藉”，这几句一气呵成，铺写残春凋零的景象，于景中含情，情中寓情。“一番……一番……”的句式，是抒情重笔，表明经过许多次风雨之后，如今的花径里已经狼藉不堪了。“狼藉”二字，在此有双重含义，表面是的意思是指落花被风雨摧残得不成样子，纷乱地洒满一地；实则是在暗示着被金兵占领的北方广大中原地区，那里是哀鸿遍野，民不聊生，一片凄凉。所以，“狼藉”二字描写的并非落花，而是中原人民的生活惨景，读来使人仿佛能感受到一股猛烈狂暴的力量，发人深思。这两句是词人在哀叹广大中原地区的残败景象。

“流水暗随红粉去，园林渐觉清阴密”，描写花落水流红的残春景象，和绿意渐浓、园林寂寞的风光，暗喻中原大地上的人民已经习惯了在金人统治下的生活。其中的“暗”和“渐”字，如钝刀割肉，拉长了对逝去时光的深切感受，表明一个饱受煎熬的民族，随着沦为侵略者的流民时间越长，就慢慢地丧失了斗志，习惯于一种苟且偷生的生活状态了！所以“暗”和“渐”字在写时光流转之外，还有一层很深的象征意味，而它真正象征的并不是青春美貌的流失，而是美好国土的沦丧。“红粉”一词，也不仅仅是指代美人的青春年华，而是被金人占领的中原千万里地域的大好河山。这两句是词人在哀叹南宋朝廷的不作为行为，使美人衰老无华的意思更加明显。

“算年年、落尽刺桐花，寒无力”，以刺桐花作补充，变泛论为实说。“寒”字点明花朵瘦弱，所以无力抵御倒春寒的侵袭，只得随风飘落。寒花与前文密叶的对比，不禁让人联想到词人的处境与心绪，其中也隐喻着君子的失意与小人的得势。这样的残春景象，在词人有点有面的描写中，被收拾得一览无余，而这位江南女子的伤春之情，也正是词人的伤国之怨，无需解析，已从词意中沁出。

“庭院静，空相忆”，明写女子的孤寂与苦闷，实则在表达词人内心里报国无门的愁闷和无奈。“静”字承上启下，既指芳花凋零之后的寂静，也写情人不在时的孤寂。因为难以忍受这过度的“静”，所以她“相忆”远方的游子，然而一个“空”字使得“相忆”变得徒劳。“空”同上阕的“又”字一样，含蓄地传达出一股绵绵的恨意，而这却进一步表明，词人觉得自己被南宋朝廷安排在江南地区做这里的一个闲官，是既无聊又寂寞，只能白白地空想，回忆自己过去在占领地率领几千人抗金的激情燃烧的岁月。

“无说处，闲愁极”，描写女子的苦闷与幽怨，进一步抒发词人内心深处的痛苦。“闲愁”是宋词中最常见的字眼，而其含义也是最不确定的，词人往往将自己不易名状、难以言传的愁绪，笼统称之为闲愁。结合词人的生平，可以作出合乎情理的推断，词中所谓的“闲愁”，当是由于自己不为南宋朝廷重用，复国壮志无从施展，且遭受投降派的嫉恨与排挤，进而产生地政治上的失意之感。

“怕流莺乳燕，得知消息”，转写女子的羞涩与矜持，同时也是对上文的解释。这里运用了拟人的手法，似乎这段感情是不能为外人所窥破的，是非同寻常的，于是她只能隐忍着，在情感的苦汁里浸泡着，实在是写得含蓄蕴藉，令人寻味。结合上文，“流莺乳燕”其实是象征着那些落井下石的奸佞小人，表明词人对蜚语流言的痛恨。

“尺素如今何处也，彩云依旧无踪迹”，由眼前所感苦境，转入对于游子的痴情等待之中，暗喻词人所写的抗金计策无处施展，自己的抗金奏折也无处投递，表达对南宋统治阶层的强烈不满。“彩云”看似是相思女子对自己所思念之人的美好的称谓，表明了她的痴迷和真诚，实则是词人对抗金大业的美好想象。“依旧”表面是女子暗怨游子的薄幸，一直未告诉她自己的行踪，其实，这一痴怨与前文相似，都是在表明词人内心深处充满着无限的哀伤，是他欲战而无门、欲罢而不能的爱国情愫的描绘。这两句依然是词人以美人为象征，表达对理想的渴望与追求。

“谩教人、羞去上层楼，平芜碧”，结尾表面上写女子羞上层楼，其实是词人运用艺术上的升华手段，将自己的一腔情愫转化为一个情蕴饱满的形象，所传达的感情也充满了矛盾和痛苦，一方面他希望自己能够在官阶上能够更上一层楼，在政治上能够掌握一定的话语权，为他进言皇上提供“近水楼台先得月”的政治平台，但是，作为一个性格耿直，鄙视溜须拍马、玩弄权术之辈的辛弃疾来说，他又“羞”于走一条别人给他指出的进阶道路。因此，他用了“谩教人”之语，表达他的矛盾之心；用“羞”字言明他的为人原则，所以，他只能够在此白白地感叹了，自然是“平芜碧”的结局。词人这最后的一叹，说明他不忍放弃仅存的一线希望登楼远望，结果依然是一个令他失望的结局。

全词意境优美，感情真挚，运笔缠绵悱恻，细腻婉转，却在勾魂摄魄的情词中寓含比兴，托其意于若即若离之间，致使作品带有“模糊性”的特点。而此种模糊性，并无损于诗歌的艺术性，而且成为构成诗歌艺术魅力的因素，越是模糊、不确定，越能引人求索，更耐人寻味。这种貌似奇怪的词境，正是这首词作艺术的一大特点，是“欲说还休，却道天凉好个秋”的典型例证。

◎轶闻异物录

刺桐花

刺桐花是历史文化名城——福建省泉州市的市花。早在中世纪，泉州就以刺桐城而驰名欧洲、非洲和中东诸国。因为古时泉州市内生长着许多刺桐花，故有“刺桐城”或“桐城”之称。

泉州市把刺桐作为它的市花，是有典故的。相传五代十国时期的清源军节度使、晋江王留从效为了扩建泉州的城郭，曾经环城遍植刺桐。后来，刺桐生长得花繁叶茂、花红似火，成为泉州一大特征，泉州也因此而名闻海内外。因此，刺桐花成为了泉州的一种标志，被定为泉州市花。它的寓意是：红红火火，吉祥富贵，充满了人们对未来的美好希望。泉州人爱刺桐花，把它作为“瑞木”；历代文人骚客也留下了不少吟诵刺桐花的佳句，有诗云：“初见枝头万绿浓，忽惊火军欲烧空。”可见刺桐开花时的壮丽景象。目前在泉州城的开元寺和华侨大厦等处，栽有不少刺桐花，美丽的泉州城掩映在刺桐的绿叶红花之中。

满江红·点火樱桃[1]

点火樱桃，照[2]一架、荼蘼[3]（mí）如雪。春正好，见龙孙[4]穿破，紫苔苍壁[5]。乳燕[6]引雏飞力弱，流莺[7]唤友娇声怯。问春归、不肯带愁归，肠千结[8]。

层楼望，春山叠。家何在？烟波隔。把古今遗恨，向他谁说？蝴蝶[9]不传千里梦[10]，子规[11]叫断三更月。听声声[12]、枕上劝人归，归难得。

◎注释

① 点火樱桃：樱桃被点燃了，形容樱桃红得像着了火。

② 照：映衬的意思。

③ 荼蘼：一种花名，春末夏初开白花。

④ 龙孙：竹笋。

⑤ 紫苔苍壁：长满青紫色苔藓的土阶。

⑥ 乳燕：母燕。

⑦ 流莺：黄莺鸟。

⑧ 肠千结：形容愁肠难解。

⑨ 蝴蝶：引用“庄周梦蝶”典故，这里借指做梦。语出《庄子·齐物论》：“昔者庄周梦为胡蝶，栩栩然胡蝶也；自喻适志与，不知周也。俄然觉，则蘧蘧（qú）然周也。不知周之梦为胡蝶与，胡蝶之梦为周与？周与胡蝶则必有分矣。此之谓物化。”

⑩ 千里梦：指自己想家的梦。

⑪ 子规：也叫子规、杜鹃，一种在春夏之交叫声凄厉的鸟。

⑫ 声声：指杜鹃鸟的啼叫声。

◎译文

火红火红的樱桃像燃烧的火焰，映照着一片洁白如雪的荼蘼花。春光明媚，春意正浓，竹笋穿破地表，破土而出，好像长满紫色苔藓的一面面墙壁。飞来飞去的母燕引着雏燕慢慢地练习飞翔，黄莺娇声怯语地呼唤着伴侣。试问匆匆来去的春天，为何不能把我的愁烦一同带走呢，实在是愁死我了。

登上高楼眺望远方，一重重的山峦披上了春装，峰峦叠翠中，我的家乡在哪里啊？都被那浩渺的烟波阻隔了。这满腹的山河破碎恨事，向谁去诉说？连做梦都看见不到千里之外的故乡，子规鸟一声声凄厉的叫声，在夜半中更显凄凉，似乎连苍白的月色也被它给叫断了，变得模糊不清。子规，子规，一声声地叫着，好像在劝我“不如归去”，可我哪里有家可归呀！

◎创作背景

这首词是词人早期的作品，应当在宋孝宗乾道年间（1165—1173）所作。

◎赏析

这首词通过描写暮春的景色和春日的短暂，表达了对国破家亡不幸遭遇的悲哀感伤，抒发了词人对家乡的思念之情。

“点火樱桃，照一架、荼蘼如雪。春正好，见龙孙穿破，紫苔苍壁”，开篇描写具有代表性的春天的景象：红似火的樱桃与白如雪的花朵交相辉映，使整个园林红妆素裹，分外妖娆，展现了园林中灿烂的画面和富有生机的满园春色。“春正好”是一句简洁深情的赞语，接着又描写破土而出的春笋，体现春天生机勃勃的景象。

“乳燕引雏飞力弱，流莺唤友娇声怯”，描写春天里的景象。上文极力描写春天的生机，这里却用“弱”和“怯”字来描写练习飞翔的雏燕和呼朋引伴的流莺，暗含颓废之感，而燕之“弱”，莺之“怯”，其实都是词人感伤春天心理的外化，对于一个政治理想落空、在现实生活中屡受挫折的人来说，春归是象征着希望破灭，从而反映出自然景观的变化和季节的无情推移，牵动了词人满怀的愁与恨。

“问春归、不肯带愁归，肠千结”，抒发伤春之感，是词人向春天发出的怨愤之语，而这一串怨春之语，无理至极，然而有情之极。“肠千结”三字，则夸张地表达出词人抑郁不堪的烦乱心绪。

“层楼望，春山叠。家何在？烟波隔”，点明主旨，词人内心所郁积的并不是春花秋月的哀愁，而是怀念家乡的深沉悲痛。词人登高楼远望家乡，可千重万叠的春山遮挡了视线，无边的烟波阻隔了归路。这山峦和烟波，象征祖国的分裂、政局的险恶和恢复大业所遇到的无数艰难险阻。

“把古今遗恨，向他谁说”，抒发词人愁恨无人诉说的悲痛，深沉而悲愤。“古今遗恨”指从古至今的恨事，但怀古是为了伤今，因而这里的“古今”，偏重指“今”。“今”之恨，莫过于中原沦陷、祖国分裂之恨。而这身世家国之恨却无人诉说，语意悲怆，使得词人的满腔愁与恨又更深一层。

“蝴蝶不传千里梦，子规叫断三更月”，化用唐诗，运用就情造境的哀婉之笔，以深夜不寐的痛苦情景，将上文所抒写的内容进一步向广阔的时空延伸，表达词人思家念远的哀痛之情。“不传”和“叫断”是点铁成金之语，使得这两句比原诗更为凄切地表达出思家念远之悲。这里的思家，并不是思念词人江南地区的寓所，而是思念远在北方金人统治之下的山东济南老家，是词人的忧国之思。

“听声声、枕上劝人归，归难得”，结尾承上文而来，表达有家难归的慨叹。“声声”是承“子规叫断”而来，和上文呼应，构锁严密。词人由杜鹃啼声联想到自己收复失地的愿望不能实现，以“归难得”的慨叹作为结句，愈发显得沉哀入骨。最后以情语结束，语意真挚感人，令人对这位爱国志士的痛楚油然而生共鸣之感。

全词以春景为媒介，充分融进了词人内心深处的家国之悲，包含着词人矢志不渝收复失地、统一祖国的崇高追求，把词人对故乡的怀念和对国家前途的担忧密切地联系在一起，使自己的深情从这种富有象征意义的事物和画面中自然地流露出来，渲染出所蕴含的政治内容，可谓巧妙至极，彰显出词人不凡的诗词创作功力。

◎轶闻异物录

荼蘼花

荼蘼花，又名悬钩子蔷薇，属蔷薇科，历史记载产于我国，在古代是非常有名的花木。《群芳谱》上说，“色黄如酒，固加酉字作‘酴醾’”。陆游有诗：“吴地春寒花渐晚，北归一路摘香来。”对荼蘼的评价是很高的，由此可知荼蘼花在我国很多地方能种植，也不少见。诗人杨万里却不喜欢将荼蘼与酒联系在一起，有诗云：“以酒为名却谤他，冰为肌骨月为家。”诗人晁无咎甚至说荼蘼应该取代牡丹为花王。宋代王琪《春暮游小园》中有“开到荼蘼花事了，丝丝天棘出莓墙。”《牡丹亭》杜丽娘游园中有“那荼蘼外烟丝醉软”的唱词，爱到荼蘼，意蕴生命中最灿烂、最繁华或最刻骨铭心的爱即将失去，在古人眼中是美丽与灭亡的共同体。荼蘼这种蔷薇科的草本植物，往往在春天之后，直到盛夏才会开花。因此人们常常认为荼蘼花开是一年花季的终结。苏轼诗：“荼蘼不争春，寂寞开最晚。”任拙斋诗：“一年春事到荼蘼。”王琪诗：“一从梅粉褪残妆，涂抹新红上海棠。开到荼蘼花事了，丝丝天棘出莓墙。”这每一字句，都是这春天最后一抹花语的诠释。

念奴娇·登建康赏心亭[①]呈史留守致道[②]

我来吊古[③]，上危楼[④]、赢得闲愁[⑤]千斛[⑥]。虎踞龙蟠[⑦]何处是，只有兴亡[⑧]满目。柳外斜阳，水边归鸟，陇[⑨]上吹乔木[⑩]。片帆西去，一声谁喷霜竹[⑪]。

却忆安石[⑫]风流[⑬]，东山[⑭]岁晚[⑮]，泪落哀筝曲[⑯]。儿辈功名都付与，长日惟消棋局[⑰]。宝镜难寻[⑱]，碧云将暮[⑲]，谁劝杯中绿[⑳]。江头风怒，朝来波浪翻屋[㉑]。

◎注释

①赏心亭：在建康城西下水门城上，下临秦淮河，始建于北宋初年。据《景定建康志》记载："赏心亭在（城西）下水门之城上，下临秦淮，尽观赏之胜。"是当时能观景的好去处。

②史留守致道：史正志，字致道，宋高宗时进士。宋孝宗乾道三年（1167年）至六年（1170年）任建康宫留守、知府兼沿江水军制置使。留守，即行宫留守。

③吊古：凭吊古迹。

④危楼：高楼，这里代指赏心楼亭。

⑤闲愁：指心头的无限愁苦。

⑥斛：古代的一种度量容器，以十斗为一斛。

⑦虎踞龙蟠：形容建康城的地势险要，气势峥嵘。

⑧兴亡：指六朝兴亡的历史遗迹，偏重"亡"。

⑨陇：通"垄"，田埂。

⑩乔木：高大的树木。

⑪喷霜竹：语出黄庭坚《念奴娇》："孙郎微笑，坐来声喷霜竹。"吹笛子的意思。喷，吹奏；霜竹，代指笛子。

⑫ 安石：谢安，字安石，东晋名相，著名政治家。

⑬ 风流：指谢安有文采，英才盖世。

⑭ 东山：地名，在会稽（今浙江绍兴），是谢安早年未仕时隐居的地方，后世通常以“东山”代指谢安，也以“东山”代隐居。

⑮ 岁晚：指谢安晚年想回东山隐居，但这个愿望未能实现。

⑯ 泪落哀筝曲：故事出自《晋书·桓伊传》，孝武帝曾经以为谢安权倾朝野，对他有所猜忌，一天孝武帝召擅长唱歌的桓伊饮宴，恰好谢安在一边侍坐。桓伊抚筝唱道：“为君既不易，为臣良独难，忠信事不显，乃有见疑患。”谢安闻歌触动心事，不觉潸然泪下，对桓伊说：“使君于此不凡。”孝武闻语也面有愧色。

⑰ 惟消棋局：《晋书·谢安传》记载，前秦建元十九年（383 年），前苻（fú）坚率秦大军南下。谢安派其弟谢石、侄谢玄迎战于淝水。谢安指挥得当，晋军以少胜多，大败秦军。捷报传至相府，谢安正与客下棋，阅后脸无喜色，下棋如故。客问之，他从容答道：“儿辈道已破贼。”

⑱ 宝镜难寻：比喻知己难求。据李濬《松窗杂录》，唐朝时有渔人在秦淮河得一古铜镜，能照人肺腑。后不慎坠水中，遍寻不得。

⑲ 碧云将暮：这里用以比喻岁月消逝，人生易老。碧云：在这里指青丝、黑发。暮：这里指人到了年老头发也变白了。

⑳ 杯中绿：代指酒。绿：酒花的一种颜色。

㉑ 波浪翻屋：形容水势浩大，波浪汹涌。

◎译文

我来到这里凭吊古人，登上高高的观景楼，却落得愁闷更加无穷了。当年虎踞龙蟠的帝王，今日都在哪里了？满目所见只是千古江山衰亡破败的痕迹。透过一排排绿柳看夕阳余晖，水边觅食的鸟儿急于飞回巢，田垄上的落叶乔木，被狂风吹打着。一片片黄叶随风飘落而去，像一只只孤帆漂泊在秦淮河中，匆匆向西驶去，不知何人，吹奏起了悲凉的竹箫。

遥想当年功勋卓著的谢安，晚年却被迫在东山闲居，他也曾因为听到了悲哀的筝声而恸哭落泪。只能把建功、立业、扬名的希望都寄托在儿辈们身上，自己只能把漫长的岁月消磨在无聊的棋局之中。到哪里去寻觅能够理解我的知己呢，满头的青丝即将被无情的岁月染为暮年的白发了，谁能来安慰安慰我这一颗悲伤的心，与我同饮一杯浊酒？江面上已经是狂风怒号，早晨以来，那高高的浪头似要把房屋都给翻倒过来，真的令人担惊受怕啊。

◎创作背景

宋孝宗乾道四年（1168 年），辛弃疾南归已有七年之久，此时任建康通判。词人向往的抗金救国事业毫无进展，而且还遭到朝中议和派的打击。在一次登建康赏心楼亭时，词人触景生情，感慨万千，写下此作，呈送建康行宫留守史致道。

◎赏析

这是一篇登览怀古之作，通过描写建康的地理形势、眼前的败落景象以及追忆谢安的不幸遭遇，表达了词人对朝廷苟且偷安的不满和对国家前程的忧虑，抒发了自己缺乏志同道合的抗金知己的苦闷心情。

“我来吊古，上危楼、赢得闲愁千斛”，开篇以突兀之势，点明词人感情起伏的缘由。词人登上高楼眺望，使他想起古往今来的无限变迁，触景生情，无限感慨。以“闲”字点“愁”，是词人故作轻松之笔，实际是词人关心国事但身不在要位，始终不能伸抗金之志的深深忧愁。“千斛”是用夸张的手法来形容愁苦极多。

“虎踞龙蟠何处是，只有兴亡满目”，采用设问的方式，将吊古伤今落到实处。建康形势险要，曾是六朝的国都，是真正的帝王之都。但此时却徒留空名，只有一片败亡的气息。这里暗中谴责了南宋朝廷不利用建康的有利地形抗击金兵、收复中原。饱含感情的问答形式生动地勾画出一位大声疾呼、痛苦欲绝、义愤填膺的词人形象。

“柳外斜阳，水边归鸟，陇上吹乔木。片帆西去，一声谁喷霜竹”，描写眼前的凄楚景象，把“兴亡满目”落到实处。“斜阳”“归鸟”“片帆”等凄凉孤寂的意象，用在这里渲染出一种国势渐衰的悲凉气氛，触动了词人忧国的感叹，加深了吊古伤今的感情。词人独选此景，也正是意在表达自己内心的情感。

“却忆安石风流，东山岁晚，泪落哀筝曲”，追忆谢安的不幸处境。谢安早年风流倜傥、逍遥洒脱，后来却因谗言而被疏远，词人借此表达自己本也可隐居安逸，但忧国之心使其尽心国事，以至“泪落哀筝曲”，曲折隐晦地表达出不被南宋朝廷重用、志不得伸的失落情感。

“儿辈功名都付与，长日惟消棋局”，继续用谢安这段典故来说明长期的压抑使词人极度愤懑，而面对现实却别无他法，只能语含讥讽，表达出词人壮志未酬、虚度年华的愁苦。

“宝镜难寻，碧云将暮，谁劝杯中绿”，借用“宝镜”典故将描写从历史转到现实。词人用寻觅不到“宝镜”、夜幕降临、无人劝酒以及暗喻壮志忠心不为人知、知音难觅的苦闷，意在说明自己的报国忠心、保国之才无人鉴察。这三句感情基调虽然悲愤沉郁，但词句却含蓄蕴藉，优美动人。

“江头风怒，朝来波浪翻屋”，描写词人眺望江面所见之景，境界幽远，寓意颇深，一语多义，不仅写出江上波涛的险恶，也暗示对时局险恶的忧虑；既象征着词人内心的极不平静，又象征着南宋国势的危急，甚至还象征着在主和派当道时抗战派的凶险处境，从而使词的风格由哀婉沉郁复归于激昂慷慨，具有双面性和包举性，是全词的点睛之笔。

全词风格沉郁苍凉，哀婉动人。写景时，寓情于景，利用景物的点染来烘托抒情；词人的心理，感情极其浓郁，抒情时，吊古伤今，用复杂的象征和暗喻来表现深沉之情，笔调极为悲凉，感人至深。

◎轶闻异物录

谢 安

谢安（320—385），字安石，东晋政治家、名士，出身于名门世家。

谢安少以清谈知名，屡辞辟命，隐居会稽郡的东山，与王羲之、许询、支道林等名士、名僧交游频繁，游山玩水。后谢氏家族居于朝中之人尽数逝去，谢氏家族的权势受到很大的威胁，四十多岁的谢安才东山再起。后历任征西大将军司马、吴兴太守、侍中、吏部尚书、中护军等职。

谢安多才多艺，善行书，通音乐。性情娴雅温和，处事公允明断，不专权徇私，不居功自傲，有宰相气度。他治国以儒、道互补；作为高门士族，能顾全大局，以谢氏家族利益服从于晋室利益。王俭称其为“江左风流宰相”。张舜徽赞其为“中国历史上有雅量有胆识的大政治家”。

满江红·中秋寄远[①]

快上西楼，怕天放、浮云遮月。但唤取、玉纤横管[②]，一声吹裂[③]。谁做冰壶凉世界[④]，最怜[⑤]玉斧修时节[⑥]。问嫦娥[⑦]、孤令[⑧]有愁无，应华发[⑨]。

云液[⑩]满，琼杯[⑪]滑。长袖起[⑫]，清歌咽[⑬]。叹十常八九，欲磨[⑭]还缺。但愿长圆如此夜，人情未必看承别[⑮]。把从前、离恨总成欢，归时说。

◎注释

①寄远：一种托词，意思是将自己的情思寄给远方的人。

②玉纤横管：指美人手按横笛吹奏乐曲。玉纤：代指女子洁白细嫩的手。

③一声吹裂：形容笛声清脆，有穿云裂石的功力。吹裂：技艺高超的笛手会把笛子吹裂。

④冰壶凉世界：形容月光皎洁，月夜显得洁净凉爽。冰壶：盛冰的玉壶，比喻洁白清冷。

⑤怜：喜爱。

⑥玉斧修时节：意思是明月像是刚被天上的匠人用玉斧修磨好的。据唐段成式《酉阳杂俎》载：月亮是由七种宝石合成，天上有八万二千户玉匠持斧轮流修磨它。

⑦嫦娥：神话传说中的月宫宫主。

⑧孤令：同“孤零”，孤孤单单。

⑨华发：同“花发”，头发花白，衰老的意思。

⑩云液：天上的美酒，用作酒的美称。

⑪琼杯：酒杯的美称。

⑫ 长袖起：这里指赏月宴席上歌伎翩翩起舞。

⑬ 清歌咽：形容歌声凄清悲咽。咽：声塞，说不出话。

⑭ 磨：修磨，这里指把月修圆磨亮。

⑮ 看承别：别样看待，特别看待。

◎译文

本想快一点登上西楼去赏月，又担心会有浮云来遮挡明月。请美人吹笛来驱散浮云，唤出明月。月夜下的天地一片清凉洁爽，我最喜爱这玉斧修磨过的月亮。追问月宫里的嫦娥，孤单凄寂时有没有愁恨过？想必你早就愁得头发花白了。

想当年歌舞欢聚、觥筹交错的场景，美人挥动起长袖翩翩起舞，歌声中却掺杂着悲咽。叹明月十有八九不遂人意，总是圆时少、缺时多。但愿它像今夜一样常圆，人情也未必总是别离。我要把从前的离恨都化成欢乐，等到你回来相聚时再细细倾诉。

◎创作背景

宋孝宗乾道中期（1169 年前后），辛弃疾任建康（今江苏南京）通判，与自己妻子处于分离状态，这首词约作于这一时期。关于词中女子的身份有多种说法，一种说法是与辛弃疾有着感情纠葛的歌舞女子，即情人；另一说是辛弃疾的妻子。

◎赏析

这是一首中秋怀人的词，词人借月亮的圆缺和宴会的热闹气氛来表达对远方亲人的怀念之情。

“快上西楼，怕天放、浮云遮月”，开篇交代赏月一事。一个“快”字刻画出词人那种迫不及待的酣畅兴致，起韵即激情喷涌；一个“怕”字又泄露出词人对中秋月不够明朗的担忧；这一扬一抑，让情感节奏起伏有致。

“但唤取、玉纤横管，一声吹裂”，借用前人的故事，写词人由西楼待月而请美人吹笛唤月，这就为中秋月的出场蓄足了气势。

“谁做冰壶凉世界，最怜玉斧修时节”，采用了一个玉斧修月的神话，正面描写中秋月色，把月亮的圆美无瑕之状形容出来，写得气势酣畅。“谁做”“最怜”不仅显出词人对此中秋月的无比赏爱之情，而且形成了极为空灵的意境。

“问嫦娥、孤令有愁无，应华发”，暗用李商隐“嫦娥应悔偷灵药，碧海青天夜夜心”诗句，由景色描写转到寄情，追问月中仙子，独居广寒宫有无愁恨。“应华发”，通过词人的自答可以发现，词人的问询，其目的并不仅仅是抒发绮情幽思，而有借之诉愁的用意，暗指自己思念的对象也在思念着词人，一语双关，含蓄隽永，为下文抒发别恨做好铺垫。

“云液满，琼杯滑。长袖起，清歌咽”，回忆了宴席上的热闹情形，展现词人在月下酣畅淋漓喝酒的情景。写能歌善舞的佳人为欢快的酒席助兴，是为了引出下文：为何歌声里却还有深沉的叹息？

“叹十常八九，欲磨还缺”，这一叹息承接着苏轼的《水调歌头·明月几时有》而来，但词人此句意思显然有所变化，是借月亮的不长圆，叹息人事不得圆满，特别是情人之间不得遂愿长聚的遗憾。

“但愿长圆如此夜，人情未必看承别”，尽管词人理解人事的不如意不可改变，但还是衷心地希望能够与所爱者长相聚，就像词人希望此夜月色好景能够长久护持一样，表现出词人乐观旷达的人生态度，并由此态度，可以洞见词人内心的痴情。“人情”虽像是对于人间常情的遗憾，实际上却是指向词人所痴情的那个人，一旦离别，别人的心里未必与自己一样珍惜护持这段感情。这样的口吻，表现出词人内心里的幽怨和痛苦。

“把从前、离恨总成欢，归时说”，结尾化幽怨的情感为期待相逢的急切之情。词人将离别时所生的幽恨，再次转换成乐观的人生态度。在这样的结韵里，词人的入骨痴情和体贴怜爱的幽绪,被传递得婉转动人,表达了词人内心隐藏着的无限痴情。

全词即景生情，借景抒情，有情景交融之妙。在表达上快言快语，直写眼前事、心中情，有明显的现实主义特征。虽然这首词写的是离愁别恨，词人却没有堕入低沉琐屑之中，更没有无病呻吟，表现了辛词豪放的本色。

◎轶闻异物录

嫦娥奔月

嫦娥奔月是中国上古时代的一个神话传说，这一神话源自古人对星辰的崇拜。嫦娥的故事最早出现在《归藏》，后来民间把故事进一步发挥，衍化成多个版本。据西汉著作《淮南子》中说，因为嫦娥偷吃了她丈夫羿从西王母那里要来的不死药，飞进月宫变成了捣药的蟾蜍，在月宫中终日被罚捣不死药，过着寂寞清苦的生活；另一版本是说嫦娥被逢蒙所逼，无奈之下，吃下了西王母赐给丈夫羿的一粒不死药，奔月成仙，居住在月亮上面的广寒宫。两个版本有很大出入，对于嫦娥的态度是截然不同的。流传最为广泛的是歌颂、赞美嫦娥的，使嫦娥的形象与月同美，符合人们对美的追求。李白曾有诗感叹嫦娥：“白兔捣药秋复春，嫦娥孤栖与谁邻？”李商隐也曾感慨道：“嫦娥应悔偷灵药，碧海青天夜夜心。”可见大家对嫦娥都是抱有同情之心的。

木兰花慢·滁州送范倅[1]（cuì）

老来情味减，对别酒、怯流年[2]。况屈指[3]中秋，十分好月，不照人圆。无情水、都不管，共西风、只管送归船。秋晚莼(chún)鲈[4]江上，夜深儿女灯前[5]。

征衫。便好去朝天[6]。玉殿[7]正思贤。想夜半承明[8]，留教视草[9]，却遣筹边[10]。长安故人问我，道愁肠殢(tì)酒[11]只依然。目断秋霄落雁，醉来时响[12]空弦。

◎注释

①范倅：范昂，是辛弃疾在滁州的副手。范昂当时在滁州任通判，辛弃疾任知州，通判是知州的助理官，所以称为“倅”。

②怯流年：害怕时光流逝。

③况屈指：何况屈指一算。

④莼鲈：指莼菜羹和鲈鱼脍，是江东的两种特产。

⑤“夜深”句：化用黄庭坚《寄叔父夷仲》“儿女灯前语夜深”诗意，用以设想范昂到家以后和儿女团聚的场景。

⑥朝天：指朝见天子。

⑦玉殿：代指朝廷。

⑧承明：承明庐，是汉代文学侍从之臣起草文稿和值班的地方，这里代指南宋皇宫中拟草诏的地方。

⑨视草：唐朝设翰林待诏，任务是检视皇帝诏书的草稿，称为视草。

⑩筹边：筹划边疆军事。

⑪愁肠殢酒：用饮酒来排解愁苦。愁肠：《全宋词》作“寻常”。殢：《全宋词》作“泥”。

⑫响：一作“向”。

◎译文

人老了以后，早年的情怀、趣味也跟着减少了，面对着送别酒，怯惧这时光流逝。何况屈指算算，中秋佳节就要到了，那一轮美好的圆月，偏偏不照亲人的团圆。无情的流水全不管离人的眷恋，与西风推波助澜，只管将归舟送归。祝愿你在这晚秋的江面，能吃到家乡的美味，回家后和儿女团聚在夜深的灯前。

征衫在身，来不及换了，就这样去朝见天子其实也很好，而今的朝廷正是思贤访贤的时候。也许现在夜深的时候圣上正在承明庐理政呢，正好把你留下来教你检视翰林院草拟的文件，说不定还会安排你来筹划边防军事。如果京城的故友问到我的时候，只说我依然是愁肠满腹，借酒浇愁愁更愁。极目遥望秋高云淡，云霄里，一只落雁消逝不见了，沉醉中我似乎听到了有谁在奏响一只寂寞忧愁的管弦！

◎创作背景

这首词作于宋孝宗乾道八年（1172 年），此时词人在滁州任上，范昂任通判，是词人的副手，帮助处理政事，二人有着深厚的友谊。这年秋天，范昂任满，被召回临安，词人作此词为他送行。

◎赏析

这首送别词描写了惜别之情，在激励友人奋进之时，也宣泄了词人官海沉浮、抱负难施的苦闷之情。

“老来情味减，对别酒、怯流年”，开篇化用苏轼的“对尊前，惜流年”词句（见《江神子·冬景》），直抒离情，统领全篇，而三十三岁的词人竟称自己“老”不免让人吃惊。词人并非因官衔比范昂高而摆弄资格，其中富有深意：年轻时词人起于戎马之间，追杀叛徒，攻城陷阵，何等的豪迈，何等的意气风发，而今竟辗转宦海，意有郁结，所以，面对别酒随事触发，只能“对别酒、怯流年”，其感觉 深沉悲慨。

“况屈指中秋，十分好月，不照人圆”，描写眼前的别筵。词人身处政治逆境中，对于寒暑易节，素魄盈亏，特别敏感，眼看友人即将离去，惜别而外，另有衷曲，于是浮想联翩，情思奔涌。“十分”和“不照”两词的强烈对比，将词人心中的不舍、不满与无奈之情宣泄而出。

“无情水、都不管，共西风、只管送归船”，描写不忍离别的愁绪。“西风”在这里是比喻恶人。“都不管”和“只管”道尽“水”与“西风”的无情，一语双关，表面是怨恨这些无情的水与风将友人送走，又暗喻范昂的离任实际是朝廷局势所迫。

“秋晚莼鲈江上，夜深儿女灯前”，祝愿友人与家人团聚，享天伦之乐。这里是虚写，“莼鲈”是思乡的代名词，运用想象与列锦的手法，强化了江上品美味、家中团聚的画面感。笔锋陡转，变刚为柔，由送别的悲伤转为对朋友的美好祝福，展现出一种浑厚超脱的意境。

“征衫。便好去朝天，玉殿正思贤”，激励与劝勉友人不要忘情于故乡之爱和天伦之乐，朝廷正是用人之际，应当为国效力。到这里,词人时刻关心国家大事的心情一览无余,格调转亢，为友人入朝壮色，与上面被迫离任之境构成迥然不同的画面。

“想夜半承明，留教视草，却遣筹边”，刻画出一派君臣相得、振邦兴国的景象，仿佛大好前程唾手可得，是词人对友人前程的美好祝愿，何尝又不是他自己的心愿呢！词人从北方来到南国，为的是驱除金贼，光复中原，然而却不被重用，一事无成，这是词人心中最大的隐痛，因此在此处借祝语表达自己心中的期待。

“长安故人问我，道愁肠殢酒只依然”，这两句是词人对友人的叮嘱。词人对自己的现状深感惆怅，壮志未伸、事业无成，似乎无颜面对故人，所以用自嘲的方式宽慰自己，然而，到了这里，词的格调又从奋激昂扬转为纡徐低沉，表露出词人报国无门的无限悲愤。

“目断秋霄落雁，醉来时响空弦”，描写词人醉中所见之景。词人望见大雁落平沙，由此想到了雁队北归，进而又想到沦陷已久的家乡，不由得热血沸腾，恨不能立刻策马扬鞭，杀向疆场！然他只能借醉意拉满空弓，以此来发泄内心的积郁。“响空弦”是《战国策·楚策》里的典故，词人借此典说明自己仍未忘却疆场的戎马生涯，虽“老”而还堪一用！一个壮怀激烈、无用武之地的英雄形象跃然纸上，词调哀怨凄凉，却不乏悲壮之情。

这首词层次鲜明，用对比照应的手法，使词的意境逐步在感情的跌宕中展开，而且通篇运用丰富的联想与跌宕起伏的笔法相互黏合、相互照应，使跳跃性的结构显得整齐严密，如词开首一句一句实写，而以下却是笔笔虚写，以虚衬实，由“别酒”想到“西风”“归船”，又由“西风”“归船”想到了“江上”，“灯前”下转到朝廷思贤，又转到托愁肠殢酒，最后落得醉中发泄，层层相催，让人不由为之叹惋。同时通篇蕴含着大开大阖、跌宕起伏、辽阔宏大的气势，与词人沉郁雄放的风格极其相符，足以表现出词人深厚的艺术功力。

◎轶闻异物录

莼鲈之思

莼鲈之思出自《世说新语·识鉴》，说的是西晋著名文学家张翰的故事。

张翰是苏州人，在洛阳做官。当时是齐王司马冏执政，齐王征召他为大司马东曹掾。一年秋天，张翰在家中和朋友小聚，正在热闹之时，忽起一阵秋风。于是，张翰就想起了老家苏州的莼菜羹和鲈鱼脍，他跟朋友们说："人生最重要的是能够适合自己的想法，怎么能够为了名位而跑到千里之外来当官呢？这些年来，我一直不明白这一点，现在我终于想明白了。"于是说走就走，第二天他就上书给齐王，说明了这个理由，辞官回乡，过上了理想中的生活，十分洒脱。

后来这一段经历被传为佳话，演变成"莼鲈之思"，也就成了思念故乡的代名词。

一剪梅·游蒋山[①]呈叶丞相[②]

独立苍茫[③]醉不归。日暮天寒[④]，归去来兮。探梅踏雪几何时。今我来思。杨柳依依[⑤]。

白石冈[⑥]头曲岸西。一片闲愁，芳草萋萋[⑦]。多情山鸟不须啼。桃李无言，下自成蹊[⑧]。

◎注释

①蒋山：指位于今南京市玄武区的紫金山，即钟山，也称神烈山。

②叶丞相：叶衡（1122—1183），词人的好友。

③独立苍茫：语出杜甫《乐游园歌》“此身饮罢无归处，独立苍茫自咏诗”。

④日暮天寒：语出杜甫《佳人》“天寒翠袖薄，日暮倚修竹”。

⑤“今我”二句：出自《诗经·小雅》“昔我往矣，杨柳依依，今我来思，雨雪霏霏”。

⑥白石冈：在建康朱雀门外，是词人与叶衡经常游玩的地方。冈：《全宋词》作“江”。

⑦芳草萋萋：语出《招隐士》“王孙游兮不归，春草生兮萋萋。”

⑧“桃李”二句：比喻真正的友情是无需挂在嘴上的，相互之间是靠心来相通相惜的。语出《史记·李将军列传》“其身正，不令而行；其身不正，虽令不从。”其李将军之谓也。……谚曰：“桃李不言，下自成蹊。”

◎译文

一个人孤独地站在苍苍茫茫、辽远无边的蒋山上喝得沉醉不想回去。天色已晚，天气变得越来越冷了，没有办法啊，已经到了不得不回去的时候了。曾几何时，我们在一起踏雪寻梅，那是多么的开心啊。如今却到了我来为你践行送别的时刻，只要一想到你马上就要离开我了，我们就像那岸边的杨柳，你拂着我，我依着你，真是难舍难分啊。

无论是白石冈，还是长江西岸，哪里都有我们友谊的脚步。看到这遍地的萋萋芳草，想到你将这样离去，心中的愁绪就更加浓重了。多情的山鸟啊，我不需要用你的哀哀啼叫来传达我的情谊。我们之间的友情，就像那不会言语的桃树和李树，靠的是各自实实在在的心意。

◎创作背景

宋孝宗淳熙元年（1174 年）春，词人第二次在建康做官，在建康留守叶衡幕中任江东安抚使参议官。叶衡也是当时著名的抗金人物，与词人关系密切。词人这次的任职，正是由于叶衡的推荐。叶衡于当年二月被召回京城。同年四月，叶衡以户部尚书之职兼任签书枢密院事，同年十一月任右丞相兼枢密使。当时宋孝宗锐意恢复国土，咨询叶衡意见。叶衡力主抗金。他从南宋和金兵的将帅、武器、山川、防守等情况回答孝宗。奏对结束后，孝宗私下里赐他座位，研讨机密大事，并不时召他进见。

对于这首词的创作时间有两种说法。一说是在淳熙元年（1174 年）春季，在叶衡被诏书回朝廷时，辛弃疾因不舍友人，创作此词，记录他们之间的友情。至于词题中称“呈叶丞相”，应是后来追加的。

另一说是淳熙元年（1174 年）冬季，叶衡拜相后，辛弃疾因他推荐被孝宗召见，调任临安仓部郎官。在辛弃疾即将离开建康时，登临钟山，有感而发，作《一剪梅·游蒋山呈叶丞相》词一首，呈给叶衡，以此表达他对叶衡的相知之情。故，词的结尾有“桃李不言，下自成蹊”。

◎赏析

这首词通过描写词人与叶衡同游钟山之事，表达了词人对友人的依依惜别之情和赞颂友谊之意。

“独立苍茫醉不归。日暮天寒，归去来兮”，开篇描写环境，点明地点与时间。“独立苍茫”一词以苍茫无人来表明词人的孤寂，“日暮天寒”表现了环境的凄清，从而渲染了一种凄凉悲切的氛围。接着借陶渊明《归去来兮辞》的首句“归去来兮”，说明叶衡即将离开建康奔赴京城。开篇就营造了一种不舍离别的悲伤氛围，为全词奠定了基调。

“探梅踏雪几何时。今我来思，杨柳依依”，回忆与叶衡同游钟山之事。“雪”是纯洁的象征，“梅”是清高与傲岸人格的象征，词人强调与友人一起踏雪寻梅，是为了说明两人志同道合，有着共同的追求，同时也象征着两人之间纯洁高尚的友谊。后两句是《诗经·小雅·采薇》中的诗句，被词人直接引用，想象友人走后，自己一个人再来钟山时那种“物是人非”的凄凉心境，虽是化用现成的诗句，却毫无做作之感。

“白石冈头曲岸西。一片闲愁，芳草萋萋”，描写友人离开以后自己的心情。白石冈依旧是长满了萋萋芳草，景还是那景，却没有了同游之人，字里行间充斥着词人心中的不舍与思念。

“多情山鸟不须啼”，强调自己的愁绪不用山中多情的鸟儿悲啼，我的心中自会惆怅不已。“不须啼”是运用融情于景的手法在山鸟啼鸣中融入了浓重的主观情感，寄寓了词人对友人浓浓的惜别思念之情，以外物显情，余味无穷。

“桃李无言，下自成蹊”，引用《史记·李将军列传》中赞颂李广的话来称赞叶衡，说明叶衡受到百姓的爱戴，在建康的德政受到人们的称颂，是实至而名归的。这两句对叶衡的最高评价和颂扬，也蕴含着词人对抗金友人将会像李将军一样建功立业的期许。

整首词婉约忧伤，语言清新朴实，别有一番浓浓的感人气息；

同时作者大量运用了“化用”的手法，使作品语言精炼，而又增强了内容的丰富性，更具表现力和感染力，使词的意境在感人至深的言辞中得到了升华。

◎轶闻异物录

叶衡

叶衡（1114—1175），字梦锡，婺州金华（今属浙江）人，南宋孝宗朝宰相。宋高宗绍兴十八年（1148 年）进士，授宁德县主簿兼摄县尉，因捕获盐寇改官，任临安府于潜县县令。任职期间，整顿户籍、赋税，查征富户隐漏，减轻贫户负担，而库入增加，考绩第一。宋孝宗乾道元年（1165 年）擢知常州，恰好遇水灾，叶衡发常平仓米烧粥赈饥。有人劝说常平仓不可轻发，叶衡说："储蓄粮食正是预备紧急的事情，怎可看着百姓挨饿而不救助呢？”灾后疫病流行，叶衡独自率医生携药品遍问疾苦，救活了许多百姓。乾道二年（1166 年）升太府少卿，迁户部侍郎，他奏请将合肥濒湖四十里的圩田募民耕作，年收谷数十万斛,开始时免除租赋,后来官私各收其半。乾道六年（1170 年）任户部侍郎、枢密院都承旨，于盐政、马政、兵籍诸多革新。淳熙元年（1174 年），任户部尚书、参知政事、权知枢密院事。后任右丞相兼枢密使，将库存金、银及铜钱换称“会子”（即纸币），以稳定流通。对外，叶衡力主抗金。次年（1175 年），朝廷商议派遣使者出使金国，要求归还黄河以南的土地，叶衡认为司谏汤邦彦有辩才，便推荐他出使金国。汤邦彦误以为叶衡蓄意排挤自己，挟恨上奏说叶衡诽谤朝廷，孝宗遂罢免了叶衡右丞相职，责授安德军节度副使，郴州安置。后汤邦彦出使辱命，被流放岭南，叶衡被复官，后归故里。《宋史》对叶衡的评价很高，说他“负才足智，理兵事甚悉，由小官不十年至宰相，进用之骤，人谓出于曾觌云”。

太常引·建康中秋夜为吕叔潜[1]赋

一轮秋影转金波[2]，飞镜[3]又重磨。把酒[4]问姮娥[5]：被白发、欺人奈何[6]？

乘风好去，长空万里，直下看山河。斫[7]去桂婆娑[8]，人道是、清光更多。

◎注释

①吕叔潜：吕大虬，字叔潜，生平事迹不详，是与词人脾气、秉性最相投的好朋友。

②金波：这里用来形容月光的周围有浮云飘动的时候，看上去月光也在浮动的样子。语出《汉书·礼乐志》："月穆穆以金波。"

③飞镜：飞天的明镜，这里指月亮。古代的镜子是铜做的，需要经常打磨才能明亮清楚。

④把酒：举起酒杯。

⑤姮娥：嫦娥，传说中的月宫的仙女。

⑥被白发、欺人奈何：语出唐代薛能《春日使府寓怀二首》"青春背我堂堂去，白发欺人故故生"。

⑦斫：砍、削。

⑧桂婆娑：这里指月宫中桂树树影摇曳的样子。

◎译文

中秋的圆月，撒下一片金色的月光，这月亮就像刚刚打磨一新的铜镜悬挂在天上。我举起酒杯问那月中的嫦娥：我的白发已经丛生，在这亮光高照之下，更要显露出来，好像故意欺负我。

我将要乘风而去，直上万里长空，那样的话，我就能够自上而下地俯视祖国的大好河山了。我还要去砍掉月宫中那摇曳不定的桂树枝，让皎洁的月光为美好的人间，增添更多的清澈和明亮。

◎创作背景

这首词作于宋孝宗淳熙元年（1174 年）的中秋夜，为赠友人吕叔潜而作。当时辛弃疾居官建康，距离南归已整整十二年了。十二年间，为了收复中原，词人曾多次上书，力主抗金，但始终未被采纳。在阴暗的政治环境中，词人只能以诗词来抒发自己的心愿。

◎赏析

这是一首咏中秋明月的小词，通过古代的神话传说，巧妙地抒发了词人反对妥协投降、立志收复中原失土的政治理想，表达了对腐朽黑暗势力的憎恨之情。

“一轮秋影转金波，飞镜又重磨”，开篇描写中秋之夜的美景，以景传情。用“金波”和“飞镜”比作月亮，突显了月亮的皎洁明亮，语言虽简练，却非常形象生动。

“把酒问姮娥：被白发、欺人奈何”，借用和月亮有关的神话传说，运用联想，对月抒怀，以表达自己的政治理想，鞭挞阴暗的政治现实。词人一生以恢复中原为己任，但是南归多年，尽是光阴虚度，残酷的现实使他的理想和抱负都无处实现，不禁对着皎洁的月光，迸发出摧心裂肝般的疑问。“奈何”是句中之眼，生动地揭示了词人内心的苦恼和焦躁。

“乘风好去，长空万里，直下看山河”，运用想象，表达人间的苦恼无法解除，只能在想象中去排解的苦闷之情。“直下看山河”，词人想象着自己乘风而去，直上万里高空，俯瞰壮阔秀丽的祖国河山，表达词人对祖国的感情之深。

“斫去桂婆娑，人道是、清光更多”，幻想着飞到月宫的场景。

"桂婆娑"实际是指带给人民黑暗的婆娑桂影，它不仅是指南宋朝廷内外的投降势力，也包括了金人的势力。词人多年关心的就是如何使缺月重圆，山河重归一家，只有砍掉这象征黑暗的桂树，才能消除笼罩在祖国大地上的阴翳，表明词人内心始终怀有希望，表现了词人为实现理想而坚持不懈的努力以及顽强的战斗意志，鲜明地揭示了词的主旨。

全词想象丰富，把超现实的奇思妙想与现实中的思想矛盾结合起来，体现了浓厚的浪漫主义色彩。

◎轶闻异物录

铜镜

铜镜就是古代用铜做的镜子，又称青铜镜。目前发现最早的青铜镜，是距今四千年左右齐家文化墓葬中出土的，直径 6 厘米，厚 0.3 厘米，镜面有光泽，镜背中央有一个桥形钮，未施纹饰。在古代，铜镜与人们的日常生活有着密切关系，是人们不可缺少的生活用具。铜镜又是精美的工艺品，它制作精良，形态美观，图纹华丽，铭文丰富，是我国古代文化遗产中的瑰宝。上古的镜，就是大盆的意思，它的名字叫监。《说文》中说："监可取水于明月，因见其可以照行，故用以为镜。"在三代之初，监都是用瓦制成的，所以古代的监字是没有金字旁的。到商代初年的时候，开始铸造铜鉴，后来鉴字便有了金字偏旁。商周时期，虽然有铜鉴，但是瓦鉴依然通行。到秦朝时期，才开始铸造铜镜，因为镜的使用优于鉴的方面很多，所以到秦以后，再不用水作鉴了。秦汉以后，镜的使用更加广泛，镜的制作也更加精良。它的质料包括金、银、铜、铁等，以铜最为多，也有镀金银的，背面包金银的或镶嵌金银丝的。隋唐以来，还有带柄的、四方的，各种花纹应有尽有。直到明代末期，开始有以玻璃为镜子的。清代乾隆以后，玻璃开始大兴于民间。直至民国初年，少数边远地区还有以铜为镜子的。

水龙吟[①]·登建康[②]赏心亭

楚天[③]千里清秋，水随天去秋无际。遥岑[④]（cén）远目，献愁供恨，玉簪（zān）螺髻[⑤]。落日楼头，断鸿[⑥]声里，江南游子。把吴钩[⑦]看了，栏杆拍遍，无人会[⑧]，登临意。

休说鲈鱼堪脍，尽西风，季鹰归未[⑨]？求田问舍[⑩]，怕应羞见，刘郎[⑪]才气[⑫]。可惜流年[⑬]，忧愁风雨[⑭]，树犹如此[⑮]！倩[⑯]（qìng）何人唤取，红巾翠袖[⑰]，揾[⑱]（wèn）英雄泪！

◎注释

①水龙吟：词牌名，又名“水龙吟令”“水龙吟慢”“鼓笛慢”等。

②建康：宋时的建康即现在的江苏省南京市。

③楚天：泛指江南的天空。因长江中下游各省，在战国时都属于楚国，所以说是楚天。

④遥岑：远处的山岭。岑：小而高的山。

⑤玉簪螺髻：玉做的簪子和像海螺形状的发髻，这里用来比喻高矮和形状各不相同的山岭。

⑥断鸿：失群的孤雁。

⑦吴钩：春秋时期吴国制造的一种宝刀，似剑而曲。这里是以吴钩自喻，空有一身才华但得不到重用。

⑧会：理解，领会。

⑨“休说”三句：语出《世说新语·识鉴篇》，“张季鹰辟齐王东曹掾，在洛，见秋风起，因思吴中菰菜、莼羹、鲈鱼脍，曰：‘人生贵得适意尔，何能羁宦数千里以要名爵？’遂命驾便归。俄而齐王败，时人皆谓见机。”后来的文人将思念家乡称为莼鲈之思。季鹰指张翰，字季鹰，西晋文学家。

⑩ 求田问舍：意思是置地买房。语出《三国志·魏书·陈登传》：后许汜与刘备共在荆州牧刘表坐，表与备共论天下人，汜曰："陈元龙湖海之士，豪气不除。"备谓表曰："许君论是非？"表曰："欲言非，此君为善士，不宜虚言；欲言是，元龙名重天下。"备问汜："君言豪，宁有事邪？"汜曰："昔遭乱过下邳，见元龙。元龙无客主之意，久不相与语，自上大床卧，使客卧下床。"备曰："君有国士之名，今天下大乱，帝主失所，望君忧国忘家，有救世之意，而君求田问舍，言无可采，是元龙所讳也，何缘当与君语？如小人，欲卧百尺楼上，卧君於地，何但上下床之间邪？"

⑪ 刘郎：这里指刘备。

⑫ 才气：这里指胸怀、气魄。

⑬ 流年：指时光流逝。

⑭ 风雨：比喻艰难的国势。

⑮ 树犹如此：这里用来抒发词人不能抗击敌人、收复失地，虚度时光的感慨。语出《世说新语·言语》："桓公北征经金城，见前为琅琊时种柳，皆已十围，慨然曰：'木犹如此，人何以堪！'攀枝执条，泫然流泪。"

⑯ 倩：请，请求，有央求人做某事的意思。

⑰ 红巾翠袖：这里代指美女。红巾：《全宋词》作"盈盈"。

⑱ 揾：擦去，拭去。

◎译文

辽阔的南国秋空千里冷落万里凄凉，滚滚的长江水向天边流去，美好的秋色一望无际。极目遥望远处的山岭，看起来像美人头上的碧玉簪和青螺髻那样的美观，可它却偏偏引起我对国土沦落的忧愁和愤恨。夕阳余晖斜照在亭子里，在离群孤雁的悲鸣声中，还有我这流落江南的思乡游子。再一次仔仔细细地看一遍这把宝刀，狠狠地把楼上的栏杆拍遍，依然是无人理会，是啊，有谁能够体会到我登楼的心意呢。

我可不会像张翰那样，只因思念家乡美味佳肴，便辞官归里。只为自己谋私利的许汜，也应该很惭愧去见才气双全的刘备。可惜时光如流水一般过去，我真担心这风雨飘摇的国家啊。能请谁去叫那些披红着绿的歌女，来擦干我英雄失意的泪水！

◎创作背景

宋孝宗淳熙元年（1174年）秋，辛弃疾任江东安抚司参议官。此时诗人南归已十二年，却投闲置散，任了一介小官。一次，他登上建康的赏心亭，极目远望祖国的山川风物，百感交集，更加痛惜自己满怀壮志而老大无成，于是写下这首词。

◎赏析

这首登临之作，通过描写赏心亭上的所见之景，联想到自己恢复中原国土、统一祖国的抱负和愿望无法实现的社会现实，表达了英雄志士有志难酬、报国无门的抑郁和悲愤，抒发了词人失意感慨和苦闷的心情。

“楚天千里清秋，水随天去秋无际”，开篇点明时间，描写了词人在赏心楼亭上所见的江景。“楚天”泛指长江中下游一带，这里战国时曾属楚国。“水”指浩浩荡荡奔流不息的长江。“千里清秋”和“秋无际”，写出江南秋季的特点。南方常年多雨多雾，只有秋季，天高气爽，才可能极目远望，看见大江向无穷无尽的天边流去。这两句写得气象阔大，笔力遒劲。

“遥岑远目，献愁供恨，玉簪螺髻”，运用移情及物的手法，描写举目远眺之时看到的壮美远山，寄托自己的愁思。“遥岑”指长江以北沦陷区的山，词人看到此景自然而然地想到了沦陷区的父老乡亲，因而痛苦更深。“献愁供恨”是词人不肯直写，借山向人献愁供恨来表达自己的情感，进一步点出自己的“愁”和“恨”，艺术手法上也由纯粹写景而开始抒情，由客观而及主观，感情也由平淡而渐趋强烈，一切都在推进中深化与升华。

“落日楼头，断鸿声里，江南游子”，描写景色烘托词人当时的处境。“落日”点明时间是黄昏，也以此比喻南宋国势衰颓。“断鸿”，是失群的孤雁，比喻作为“江南游子”的自己流离失所的身世和孤独寂寞的心境。辛弃疾渡江淮归南宋，可南宋统治集团根本没有北上收复失地之意，对待像辛弃疾这样从北方归来的有志之士，也一直采取猜忌排挤的态度，致使辛弃疾觉得自己在江南真的成了游子。所以，当孤雁的声声哀鸣不时传到赏心楼亭时，凄凉落寞之景，更加引起了词人对远在北方故乡的思念。

“把吴钩看了，栏杆拍遍，无人会，登临意”，以物比人，直抒胸臆，抒发了词人报国无路、壮志难酬的悲愤。“吴钩”，本是战场上杀敌的锐利武器，但现在却闲置身旁，无用武之处，烘托出词人空有沙场杀敌的雄心壮志，却是英雄无用武之地的苦闷。“栏杆拍遍”是表示胸中那说不出来的抑郁苦闷之气，借拍打栏杆来发泄，“遍”字表现了词人胸中悲愤之深切、强烈。“无人会，登临意”，则是词人对世无知音的慨叹。词人没有直接用语言来渲染自己的情绪，而是采用具有典型意义的动作描写，同时运用了“运密入疏”的艺术手法，把强烈的思想感情寓于平淡的笔墨之中，内涵深厚，耐人寻味。

“休说鲈鱼堪脍，尽西风，季鹰归未”，引用晋朝张翰的典故明自己之志。深秋时令又到了，连大雁都知道寻踪飞回旧地，不必说他这个漂泊江南的游子了。然而他的家乡如今还在金人统治之下，南宋朝廷却偏安一隅，他想回到故乡，谈何容易。“归未”既写了有家难归的乡思，又抒发了对金人、对南宋朝廷的激愤，收到了一石三鸟的效果。

“求田问舍，怕应羞见，刘郎才气”，借用三国时刘备的典故，继续表明自己的志向。词人登临远望，望故土而生情，但是，词人怀念家乡却绝不是像张翰、许汜那样，当词人回到故乡时必是收复河山之时。

“可惜流年，忧愁风雨，树犹如此”，这几句仍是明志。“风雨”指国家在风雨飘摇之中，这三句表达了词人所忧惧的，只是国事飘摇，时光流逝，北伐无期，恢复中原的夙愿不能实现。年岁渐增，恐再闲度便再无力为国效命疆场了。这三句是全词的核心，到这里词人的感情经过层层推进已经发展到了最高潮。

“倩何人唤取，红巾翠袖，揾英雄泪”，词人自伤抱负不能实现，世无知己，得不到同情与慰藉，与上片“无人会、登临意”相呼应。“红巾翠袖”，是少女的装束，这里是少女的代名词。在宋代，一般游宴娱乐的场合，都有歌伎在旁唱歌劝酒。“揾英雄泪”，英雄虽已无出路，但壮怀不减，以自嘲的口气哀叹，足见英雄的无奈。

全词虽出语沉痛而悲愤，但词的基调依然是激昂而慷慨，展现出词人豪放的性格和其特有的艺术风格。

◎轶闻异物录

建康

建康是南京在六朝时期的名称，孙吴、东晋、刘宋、萧齐、萧梁、陈朝六代京师之地，是中国在六朝时期的经济、文化、政治、军事中心，也是世界上第一个人口超过百万的城市。六朝时期以建康为代表的南朝文化，与西方的古罗马被称为人类古典文明的两大中心，在人类历史上产生了极其深远的影响。

建康城的规模极其庞大，建康是中国传统礼教制度与自然完美结合的典范，是中国古代都城的杰出代表，在中国古代都城发展史上具有重要地位。

青玉案·元夕[1]

东风夜放花千树[2]。更吹落，星如雨[3]。宝马雕车[4]香满路。凤箫[5]声动，玉壶[6]光转，一夜鱼龙舞[7]。

蛾儿雪柳黄金缕[8]。笑语盈盈[9]暗香[10]去。众里寻他[11]千百度[12]。蓦（mò）然[13]回首，那人却在，灯火阑珊[14]处。

◎注释

①元夕：旧历正月十五日为上元节，这一天的晚上叫元夕，又称元宵。我国自古有元夕观灯的风俗。

②“东风”句：形容元宵夜花灯繁多，像东风吹开了千树万树的花朵。语出唐代苏味道《正月十五夜》：“火树银花合，星桥铁锁开。”

③星如雨：形容上元节的焰火纷纷，乱落如雨。语出《左传·庄公七年》：“星陨如雨。”星：这里指焰火。

④宝马雕车：指富贵人家出来看灯乘坐的装饰华丽的车和马。

⑤凤箫：箫的美称。

⑥玉壶：比喻明月。

⑦鱼龙舞：指舞动鱼形、龙形的彩灯，如鱼龙闹海一样。

⑧“蛾儿”句：宋代妇女元宵节出游时所佩戴的装饰。这里代指盛装出游的妇女。

⑨盈盈：声音轻盈悦耳，也指仪态娇美的样子。

⑩暗香：本指花香，这里指出游女子身上散发出来的香气。

⑪他：泛指第三人称，古时也包括“她”。

⑫千百度：千百次。

⑬蓦然：忽然，猛然。

⑭阑珊：零落稀疏的样子。

◎译文

东风拂过，数不清的花灯随风摇曳，仿佛催开了千树繁花一样，焰火纷乱，乱落如雨，又像是空中的繁星被吹落了。华丽的马车在路上来来往往，留下满路醉人的芳香。悠扬的凤箫声四处回荡，玉壶般的明月渐渐西斜，热闹的夜晚，鱼、龙形的彩灯在飞舞翻腾。

漂亮娇美的女人们头上戴着漂亮的饰物，身着色彩靓丽的服装，笑语盈盈地随人群走过，身上香气也随处飘洒。我在人群中寻找了她千回百次，却都没看见她的身影，可是，当我在不经意间的一次回首时，却发现她就那一片灯光幽幽的暗影处。

◎创作背景

这首词应作于宋孝宗淳熙元年（1174 年）或淳熙二年（1175 年）的元宵节。当时，强敌压境，国势日衰，而南宋统治阶级却不思恢复，偏安江左，沉湎于歌舞享乐，以粉饰太平。洞察形势的词人，欲补天穹，却恨无路请缨。他满腹的激情、哀伤、怨恨，交织成这幅元夕求索图。

◎赏析

这首词描写了元宵节绚丽多彩的热闹场面，借一个孤高淡泊、超群拔俗、不同于金翠脂粉的女性形象，含蓄地表达了词人政治失意后不愿与世俗同流合污的孤高品格。

“东风夜放花千树。更吹落，星如雨”，开篇描写元宵节的花灯。“花千树”是化用唐朝人岑参的“忽如一夜春风来，千树万树梨花开”而来，和“星如雨”一起不仅写出了灯火之盛、之美，而且给人以热闹非凡的感觉，渲染出了节日的热闹气氛。

“宝马雕车香满路”，描写游人之盛。但这里主要还是为了渲染气氛，所以，词人并没有对游人作具体描绘，只是从整体印象上概括地勾勒了一笔。然而，游人如织、仕女如云的景象却已跃然纸上。

“凤箫声动，玉壶光转，一夜鱼龙舞”，描绘歌舞之乐。“凤箫”“玉壶”和“鱼龙”等词，呈现出鼓乐、灯月交辉的人间仙境。到处是笙箫齐鸣，到处是彩灯飞舞，人们在忘情地欢乐着，极为繁华热闹，令人目不暇接。同时这也是对词中的女主人公言外的赞美 。

“蛾儿雪柳黄金缕。笑语盈盈暗香去”,描写元宵观灯的游女。这些游女，一个个雾鬓云鬟，戴满了元宵特有的闹蛾儿、雪柳。而对头饰细节的描写既突出了游女们的华丽盛装，也是对上片“宝马雕车香满路”描写的一个补充，同时，一个“去”字也暗传出词人对意中人的寻觅。

“众里寻他千百度。蓦然回首，那人却在，灯火阑珊处”，结尾点明主旨，描写词人所寻之人。“众里寻他千百度”极写寻觅之苦，而“蓦然”二字则写出了发现意中人后的惊喜之情。发现“那人”的一瞬间，是人生精神的凝结和升华，是悲喜莫名的感激铭篆。读到这里才恍然大悟，那灯、月、烟火、笙笛、社舞交织而成的元夕欢腾，那惹人眼花缭乱的丽人群女，原来都只是为了那一个意中之人而设！灯火写得愈热闹,则愈显“那人”的孤高，人写得愈忘情，愈见“那人”的不同流俗。同时，站在灯火阑珊处的那个人，也是词人对自己的写照，因为他当时不受重用，文韬武略施展不出，心中怀着一种无比惆怅之感，所以只能在一旁孤芳自赏，就像站在热闹氛围之外的那个人，给人以清高的感觉，体现出词人虽受冷落却不肯同流合污的高士之风。

全词采用了强烈的对比手法，反衬出一个自甘寂寞、独立不移、性格孤介的女性形象，构思精妙，语言精致，含蓄婉转，余味无穷。词人写这样一个不肯随波逐流、自甘淡泊的女性形象，是寄托他力主抗战，屡受排挤，却矢志不移，宁可过寂寞的闲居生活，也不肯与投降派同流合污的情思，是他一生中的思想境界和艺术追求的真实反映。

◎轶闻异物录

元宵节

元宵节，又称上元节、小正月、元夕或灯节，为每年农历正月十五日，是中国春节年俗中最后一个重要节令。正月是农历的元月，古人称“夜”为“宵”，所以把一年中第一个月圆之夜正月十五称为元宵节。元宵节自古以来就以热烈喜庆的观灯习俗为主。

元宵节习俗的形成有一个较长的过程，据一般的资料与民俗传说，正月十五元宵节在西汉已经受到重视，汉武帝正月上辛夜在甘泉宫祭祀“太一”的活动，被后人视作正月十五祭祀天神的先声。不过，正月十五元宵节真正作为民俗节日是在汉魏之后。正月十五燃灯的习俗与佛教东传有关。唐朝时，佛教大兴，仕官百姓普遍在正月十五这一天“燃灯供佛”，于是佛家灯火遍布民间。从唐代起，元宵张灯即成为法定之事，并逐渐成为民间习俗。

随着社会和时代的变迁，元宵节的风俗习惯早已有了较大的变化，其中吃元宵、赏花灯、舞龙、舞狮子等仍是当下元宵节几项重要民间习俗。

菩萨蛮[①]·书江西造口[②]壁

郁孤台[③]下清江[④]水，中间多少行人泪？西北望长安[⑤]，可怜无数山[⑥]。

青山遮不住，毕竟东流去[⑦]。江晚正愁余[⑧]，山深闻鹧鸪[⑨]。

◎注释

① 菩萨蛮：本是唐教坊曲，后用为词牌，也用作曲牌。也称为“菩萨鬘”，又名“子夜歌”“重叠金”“花溪碧”“晚云烘日”等。

② 造口：皂口，在今江西万安县南六十里，有皂口溪，溪水自此入赣江。

③ 郁孤台：又称望阙台，在今江西省赣州市城区西北部贺兰山顶，赣州宋代古城墙自台下逶迤而过。在唐宋年代，这里是登台览景的名胜，因“隆阜郁然，孤起平地数丈”而得名。

④ 清江：指赣江与袁江合流处，旧称清江。

⑤ 长安：本为汉唐故都，这里用以代指北宋故都汴京。

⑥ 无数山：很多座山。

⑦ “青山”二句：语出北宋陈师道《送何子温移亳州》：“关山遮极目，汴泗只东流。”

⑧ 愁余：使我发愁的意思。语出《楚辞·九歌·湘夫人》：“帝子降兮北渚，目眇眇兮愁予。”余：《全宋词》作“予”。

⑨ 鹧鸪：鸟名。古人说它的叫声像是说“行不得也哥哥”，啼声凄苦。这里暗指时事艰辛。

◎译文

历尽沧桑的郁孤台下流淌着清澈的赣江之水，这里面不知有着多少行人的眼泪。抬头遥望西北的长安，可惜啊，我只能看到一座连着一座的青山，它们绵延起伏，遮住了我的双目。

可是，青山怎能够把江水挡住呢？滔滔江水毕竟还会向东流去的。我孤独地伫立在江边看江水流逝，夕阳余晖映照出我满怀的愁绪，此时，传来了深山里鹧鸪的鸣叫声，好悲哀。

◎创作背景

宋孝宗淳熙三年（1176年），词人任江西提点刑狱，经常巡回往复于湖南、江西等地。来到造口，俯瞰赣江水不舍昼夜地流逝而去，词人的思绪似这江水般波澜起伏，也似绵延不绝的青山压在心头，于是写下了这首前无古人后无来者的吟史抒情词。

◎赏析

这首词通过描写词人途经造口的所见所感，表达了词人对国事艰危之沉痛追怀，对失去国土的深情萦念。

“郁孤台下清江水，中间多少行人泪”，不凡的起笔，将词人的无限哀痛、满腹幽怨巧妙地传达出来。“郁孤台”三字给人以劈面凸起一座郁然孤峙的高台之感，“郁”是郁勃、沉郁之意，“孤”有巍巍独立之感，词人调动此三字开篇，显然有满腔磅礴的激愤之情。“清江水”是将词境从百余里外的郁孤台，顺势收至眼前之造口，使造口之水形成词境的核心。“行人泪”，词人将“清江水”比喻成“行人泪”，以水写泪，意蕴深广，既是直点造口当年事，更是词人身临隆祐太后被追之地，痛感建炎国脉如缕之危，愤金兵之猖狂，羞国耻之未雪，于是将满怀悲愤，化为如此悲凉之句，以此表达出自己内心深处的痛苦与无奈。

“西北望长安，可怜无数山”，运用典故写出词人心系汴京之情。词人因回想隆祐太后被追而念及神州陆沉，独立造口仰望汴京，亦犹杜老之独立夔州仰望长安。一个“望”字将词人迫切盼望北定中原之情表现得淋漓尽致。“可怜”，笔锋一转，形象地描写出在无数青山的重重阻拦下，故园难回，而词的境界则变为具有封闭式的意味，顿挫有力，强烈地表现出词人的愤慨和惆怅之情。

“青山遮不住，毕竟东流去”，运用比兴的手法，描写眼前之景，表达了词人收复失地的坚定意志。“遮不住”，将青山的围堵之感一笔推去。“毕竟”二字更见深沉有力，大有破竹之势，反映出在词人的潜意识中，投降派是阻止不了他抗金的步伐的。

“江晚正愁余，山深闻鹧鸪”，结尾两句通过描写所闻，表达出词人沉郁苦闷之情。江晚山深，这一暮色苍茫又具封闭式意味之境界，词情词境在这里又作一大顿挫，与上阕开头之郁孤台意象相呼应。“闻鹧鸪”，鹧鸪声声，是呼唤词人莫忘南归之怀抱，也是勾起其志业未就之愤的媒质，寄托了词人对恢复中原之志屡屡受挫的愤恨之情。

全词以极高明的比兴手法，把词人对朝廷苟安江南的不满和自己一筹莫展的愁闷，一一道出，淡淡叙来，虽不温不火，却表达出了含蕴极深的爱国情思，艺术水平之高超，堪称词中一绝。词人这种以全幅意境寓写整个胸襟、运用比兴寄托却又未必一一指实的艺术造诣，实为中国美学理想的最高峰，全词在一片神行思邈的意境中，兼有一种神圣高绝的理想之美、沉郁顿挫的艺术之美，其思想成就和艺术成就均达到了登峰造极的程度。

◎轶闻异物录

郁孤台

郁孤台建在赣州市区北部的贺兰山顶，始建于唐代，因树木葱郁、山势孤独而得名。李渤、苏东坡、辛弃疾、岳飞、文天祥、王阳明、郭沫若等历代名人都曾在这里留下过诗词。其中，与郁孤台渊源最深的，要数南宋著名词人辛弃疾，他在赣州任职时，留下名词《菩萨蛮·书江西造口壁》，郁孤台从此名扬天下。郁孤台是赣州老城区的制高点，台上建有三层楼高的仿木结构楼阁，登上郁孤台，可远眺秀丽的湖光山色和赣州全景。郁孤台的始建年代已经无法考证，唐代时虔州刺史李勉曾登台北望，将台更名为“望阙”。宋绍兴十七年赣州知州曾慥增创二台，南边叫“郁孤台”，北边叫“望阙台”。后几经兴废，仍名郁孤台。

水调歌头·我饮不须劝

淳熙丁酉[①]，自江陵移帅隆兴，到官之三月被召[②]，司马监[③]、赵卿、王漕[④]饯别。司马赋《水调歌头》，席间次韵[⑤]。时王公明[⑥]枢密薨[⑦]，坐客终夕为兴门户之叹[⑧]，故前章及之[⑨]。

我饮不须劝，正怕酒尊[⑩]空。别离亦复何恨，此别恨匆匆。头上貂蝉贵客[⑪]，苑外麒麟高冢[⑫]，人世竟谁雄。一笑出门去，千里落花风[⑬]。

孙刘辈，能使我，不为公。余发种种如是，此事[⑭]付渠侬[⑮]。但觉平生湖海，除了醉吟风月，此外百无功。毫发皆帝力[⑯]，更乞鉴湖东。

◎注释

①淳熙丁酉：宋孝宗淳熙四年（1177年）。

②被召：指词人被召入京，任大理寺卿一事。

③司马监：司马汉章，时任江西京西湖北总领。

④王漕：王希吕，时任江西转运副使。

⑤次韵：依次用原唱韵脚的字押韵作和章。

⑥王公明：王炎，字公明。

⑦薨：死，去世。古代诸侯或有爵位的大官去世叫薨。

⑧兴门户之叹：为朝中权贵各立门户、互相倾轧而叹息。这里指王炎先与宰相虞允文有矛盾，虞允文推荐吏部侍郎王之奇代替王炎的官职；后来朝廷又任命王炎为枢密使。其后王炎以观文殿学士太中大夫知潭州，被汤邦彦论欺君之罪，因而落职。再后，宋孝宗恢复其资政殿大学士之职。

⑨ 故前章及之：所以在本词的前言中提及此事。

⑩ 酒尊：酒樽。尊：一作“樽”。

⑪ 貂蝉贵客：这里代指当朝权贵王炎。

⑫ 苑外麒麟高冢：指王炎虽曾为当朝权贵，现在却已化为墓中异物。语出杜甫《曲江》：“江上小堂巢翡翠，苑边高冢卧麒麟”。苑：一作“花”。

⑬ 落花风：风把花儿吹落了。词人被召入京都时是春末，所以说是“落花风”。

⑭ 此事：这些事。

⑮ 渠侬：他们、别人。

⑯ 毫发皆帝力：指自己的一丝一毫都是皇上恩赐的。

◎译文

淳熙丁酉年，我从江陵任上被调到了隆兴，刚刚到隆兴任职三月又被召入京都（任大理寺卿），司马监、赵卿、王漕为我摆酒饯别。司马汉章赋了一首《水调歌头》，于是，大家就在席间用司马汉章的《水调歌头》赋原韵，依次押韵作和章。当时王公明在枢密任上薨毙，席上在座的几位客人喝酒聊天到很晚，大家都在唏嘘感叹朝中权贵各立门户、互相倾轧之事，所以写下这个序，放在词前。

我喝酒历来爽快不需要劝杯，反而会担心我的酒杯里空了没有酒呢。分别本是件很可恨的事情，而这次的分别又是那么的匆忙。想到当年贵为三公的人，如今已经被葬在西苑外豪富高门的坟冢里了，人世间究竟谁才能算得上是英雄呢？我也要像诗仙李白那样“仰天大笑出门去”，只是担心千里之外的风会把花儿都给吹落了。

在这个世上，只有孙权和刘备这样的人才能指使我做事，而不是在座的公卿阁下。我这也只是发发感慨而已，这些交心的事情也就只能和你们在一起说说罢了。只是感觉自己的这一生如同潮起潮落的江河湖海，除了喝醉时吟一些风花雪月的诗词外，便是一事无成啊。我这全身上下所有的东西包括身体毫发都是陛下赐予的，现在，我唯一的希望就是祈求圣上能让我退居镜湖之东的山水田园之中了。

◎创作背景

宋孝宗淳熙五年（1178 年）春，辛弃疾三十九岁，刚由江陵任上调任江西隆兴安抚使三个月，又要奉诏入京任大理寺少卿。在僚友们为词人饯别的宴席上，词人有感而发写下这首感慨人生的词，由词序可知词人的感慨是为两件事而发：一是频繁的调任，二是朝廷内部的门户之争。

◎赏析

这首词通过描写离任前的饯别宴，抒发了宦迹不定、人事掣肘使词人壮志难酬的悲愤之情。

“我饮不须劝，正怕酒尊空。别离亦复何恨？此别恨匆匆”，从饯别宴切入，点出别恨匆匆的遗憾。“正怕”是词人想借酒浇愁，“恨匆匆”营造出悲凉伤感的意境。从词人“正怕酒尊空”的心理活动来看，词人心中积郁的愁情，绝不仅仅是离别僚友们的感情，而包藏许多，为下文进一步抒发各种人生忧思埋下伏笔。

“头上貂蝉贵客，花外麒麟高冢，人世竟谁雄”，以旁观者的洞达，对争名逐利而兴门户私见的朝廷政要作出讽刺，感慨纵使生前为“贵客”，死后立“高冢”，终不能称雄一世。这种对兴门户争私利者的无情嘲笑和蔑视，却又以旷达的语气道出，显示出词人不同流俗的思想境界。

“一笑出门去，千里落花风”，以清丽飘逸的意境，表现出词人不虑俗情的潇洒放逸怀抱。“一笑”是借用李白“仰天大笑出门去，我辈岂是蓬蒿人”的诗句，却化典浑无迹，直如冲口出。

“落花风”将时令特征以丽辞写出；而“千里”的形容，则更使落花美景由宴前而宕开无际，由实返虚，合实与虚，使词境显得更为深邃、灵活、摇荡。从章法上讲，结句又将离隆兴而赴行都的词作“本事”进行了必要的交代，意路多变，笔法摇曳。

“孙刘辈，能使我，不为公”，承上片末句“出门去”，抒写这次去朝廷为官的态度。词人借古讽今，以三国时代辛毗的耿直不阿，表明自己此去朝廷为官，早已准备好了像辛毗那样，宁愿不做高官，也不做曲附党私之徒的态度，是上文主旨的一个顺承和延展。

“余发种种如是，此事付渠侬”，表面描写词人的衰老憔悴之态，实际上是抨击庸俗世风。词人之所以会如此衰老，都是因朝廷政要热衷于门户私见、党派斗争，而对词人所向往的恢复大计则不仅不予理睬，反而对词人猜忌有加，频繁调动。开头词人“正怕酒尊空”想要借酒浇愁的心理活动，在此也找到了部分解释。

“但觉平生湖海，除了醉吟风月，此外百无功。毫发皆帝力，更乞鉴湖东”，以自我否定结尾，是词人的牢骚之词。既然这一生根本无所建树，一切都由天子所赐，真想乞求归隐到山水之中。词人正话反说，这里面充满了爱国者的牢骚不平、悲愤与讽刺。“此外百无功”是由于词人生在这样一个不给机会的政治时代，处处受人掣肘之故。既然只手难挽狂澜，倒不如归隐林泉，以免受人倾轧，这是对理想受阻的再一次抒愤，是对朝廷不良政治气氛的辛辣讽刺。这样的“反话”，显示出词人慷慨内敛的抒情风格。

全词貌似旷达，实则语含讥讽，是词人借古讽今、抨击世俗的一贯词风和豪放不羁的本色表现。

安抚使

安抚使是中国古代官名，是由中央派遣处理地方事务的官员。隋代曾设安抚大使，为行军主帅兼职。唐代前期派大臣巡视经过战争或受灾地区，称安抚使。北宋真宗咸平三年（1000 年），始设西川、峡路安抚使，泾源等十五军州安抚经略使等。以后，凡诸路遇天灾及边境用兵，辄派安抚使“体量安抚”，事毕即罢。仅陕西、河东、河北及两广等路常置安抚使司，掌管一路民政，以知州兼任安抚使，但必须由太中大夫以上或曾任侍从官者兼任，官品低者只称“主管某路安抚司公事”或“管勾安抚司事”。

南宋初期，各路均设安抚使司，唯广东、广西两路仍于“安抚”前加“经略”二字。一般以各路最重要的州府长官兼任安抚使，如系二品以上，则称“安抚大使”。安抚使掌管一路兵民之政，有“便宜行事”之权，实际上成为一路的第一长官。

鹧鸪天·送人

唱彻《阳关》[①] 泪未干。功名馀（yú）事 [②] 且加餐 [③]。浮天水 [④] 送无穷 [⑤] 树，带雨云埋一半山。

今古 [⑥] 恨，几千般。只应离合是悲欢 [⑦]？江头未是 [⑧] 风波恶 [⑨]，别有人间行路难 [⑩]！

◎注释

① 唱彻《阳关》：唱完送别的歌曲。彻：完。阳关：指送别的歌曲。

② 馀事：次要的事。

③ 加餐：努力加餐的省语，保重身体的意思。语出《后汉书·桓荣传》："愿君慎疾加餐，重爱玉体。"

④ 浮天水：形容水势很大，水天相连。

⑤ 无穷：无尽，无边。

⑥ 今古：古往今来。

⑦ "只应"句：难道只有离别才让人悲哀，相聚才让人欢乐吗？

⑧ 未是：还不是。

⑨ 风波恶：化用唐刘禹锡《竹枝词》"瞿塘嘈嘈十二滩，人言道路古来难。长恨人心不如水，等闲平地起波澜。"诗意。

⑩ 行路难：化用白居易《太行路》"行路难，不在水，不在山，只在人情反复间。"诗意。

◎译文

唱遍所有关于离别的《阳关》曲，眼泪却还是不停地流，功名乃是身外之事，一定要保重身体啊。水天相连，好像将两岸的树木送向无穷的远方，乌云挟带着雨水，把重重的高山都掩埋了一半。

从古至今，使人愤恨的事情何止千种万般，难道只有离别使人悲伤，相聚才使人欢颜？江头风高浪急，还不是最险恶的事，在人世间行路才是更艰难的事。

◎创作背景

这首词作于宋孝宗淳熙五年（1178年）春，是辛弃疾自豫章（今江西南昌）赴临安（今杭州）途中，在江上送别友人时所作，这时候的他在仕途上已经过不少的挫折，因此作此词抒发内心的感慨。

◎赏析

这是一首送别词，通过描写离别时的依依不舍，抒发了词人对世路艰难的人生感慨。

“唱彻《阳关》泪未干。功名馀事且加餐”，开篇即述离情。这里把送别场面凝缩成“唱彻”而“泪未干”，更觉无限伤感。从词人的性格看，送别绝不会带给他这样的伤感。只不过平日对仕途、世事的感慨一直郁积胸中，恰巧遇上送别之事的触动，便一涌而发。下句忽然宕开说到“功名”一事，便觉来路分明。词人与陆游一样，都竭力想要收复中原，为国家的恢复事业建立功名，而词中却说是“功名馀事”，这是正话反说，表明词人不满朝廷对金屈膝求和，是词人壮志难酬的愤激之辞。

“浮天水送无穷树，带雨云埋一半山”，描绘出一幅水天空阔、烟笼雾锁的黯淡画面。“送”和“埋”两个动词使得景色更加生动形象，而且天边的流水远送无穷的树色，和设想行人别后的行程有关；雨中阴云埋掉一半青山，和联想正人君子被奸佞小人遮蔽、压制有关。这两句寓情于景，描写得含蓄不露，富有余韵，抒发了词人离别时的凄凉伤感以及前途迷茫的郁闷之情。

“今古恨，几千般。只应离合是悲欢”，抒发词人世艰难的感慨。“离合”和“悲欢”是偏义复词,由于题目“送人”与“今古恨”的情景规定，所以“离合”就只取“离”字义,“悲欢”就只取“悲”字义。这里用反问语气,比正面的判断语气更含激情。词人送人却居然说离别并不是唯一可悲可恨的事，显示出词的思想感情将有进一步的开拓。

“江头未是风波恶，别有人间行路难”，结尾道出词人的心声。存在于人们心中、存在于人事上的无形的“风波”，它使人畏，使人恨，更甚于一般的离别之恨和行旅之悲。这是词人切身的体会。他一生志在恢复事业，做官时喜欢筹款练兵，并且执法严厉，对投降派和豪强富家多有得罪，所以几次被劾去官。如在湖南安抚使任内，筹建“飞虎军”，后来在两浙西路提点刑狱公事任内，即因此事被罢官。这正是人事上“风波恶”的明显例证。词的最后两句，包含了词人更多的伤心经历，展示了更广阔、更令人惊心动魄的艺术境界，情已淋漓，语仍含蓄。

全词运用景物烘托、比拟和对照等手法，生动地写出了依依惜别的深情，可谓思路开阔，托意深刻，虽篇幅短小，但却包含了广阔深厚的思想感情，笔调深蕴含蓄，举重若轻，不见用力之迹而力透纸背，显示出辛词的大家气度和超凡的艺术功力。

◎轶闻异物录

白居易

白居易（772—846），字乐天，号香山居士，又号醉吟先生，祖籍山西太原，到其曾祖父时迁居下邽，生于河南新郑，是唐代伟大的现实主义诗人。白居易的诗歌题材广泛，形式多样，语言平易通俗，有“诗魔”和“诗王”之称，有《白氏长庆集》传世，代表诗作有《长恨歌》《卖炭翁》《琵琶行》等。白居易的思想，综合儒、佛、道三家，以儒家思想为主导。孟子说的“达则兼济天下，穷则独善其身”是他终生遵循的信条。其“兼济”之志,以儒家仁政为主,也包括黄老之说、管萧之术和申韩之法；其“独善”之心，则吸取了老庄的知足、齐物、逍遥观念和佛家的“解脱”思想。白居易不仅留下近三千首诗，在诗歌表现方法上还提出一系列原则,在《与元九书》中,提出了著名的“文章合为时而著，歌诗合为事而作”的现实主义创作原则。他的这种诗歌创作理论对于促使诗人正视现实，关心民生疾苦，是有进步意义的。

水调歌头·舟次[1]扬州和人[2]韵

落日塞尘起[3]，胡骑猎[4]清秋。汉家[5]组练[6]十万，列舰耸层楼[7]。谁道投鞭飞渡[8]，忆昔鸣髇[9](xiāo)血污[10]，风雨佛(bì)狸愁[11]。季子[12]正年少，匹马黑貂裘[13]。

今老矣，搔白首[14]，过扬州。倦游[15]欲去江上，手种橘千头[16]。二客[17]东南名胜[18]，万卷诗书[19]事业，尝试与君谋。莫射南山虎[20]，直觅富民侯[21]。

◎注释

① 次：停泊，停留。

② 人：指杨济翁和周显先，杨济翁是诗人杨万里的族弟，周显先是东南一带名士。

③ 塞尘起：指边疆发生了战事。

④ 胡骑猎：古代北方游牧民族经常趁秋高马肥之时侵扰南方，这里指宋高宗绍兴三十一年（1161 年）金主完颜亮带兵南侵。胡骑：这里指金兵。猎：这里借指发动战争。

⑤ 汉家：这里代指南宋朝廷。

⑥ 组练：装备精良的军队。

⑦ 列舰耸层楼：指南宋水军高大的楼船。

⑧ 投鞭飞渡：字面意思是把马鞭投入到湍急的江水中，想借此渡过江去，是不可能的事情。这里借以讽刺完颜亮南侵时的嚣张气焰，并暗示其终会败北。典出《晋书·苻坚载记》：前秦苻坚举兵南侵东晋，号称九十万大军，他夸口说："以吾之众旅，投鞭于江，足断其流。"结果淝水一战，大败而归。

⑨ 鸣髇：鸣镝，古时匈奴人用的一种响箭，射时发声。

⑩ 血污：指死于非命。

⑪ 佛狸愁：这里是指宋高宗绍兴三十一年（1161 年）金主完颜亮南侵失败被其部下杀死的事。典出《史记·匈奴传》：匈奴头曼单于之太子冒顿作鸣镝，令左右曰："鸣镝所射而不悉射者斩之。"后从其父头曼猎，以鸣镝射头曼，其左右亦随鸣镝而射头曼。佛狸：北魏太武帝拓跋焘的小名，曾率师南侵受挫，回去后被部下杀死，这里借指金主完颜亮。

⑫ 季子：战国时策士苏秦，字季子。

⑬ 黑貂裘：苏秦游说诸侯时所穿的衣服。典出《战国策·赵策》：李兑送苏秦明月之珠，和氏之璧，黑貂之裘，黄金百镒。苏秦得以为用，西入于秦。这里指自己像苏秦年少时一样有一股锐气，南奔北跑，四处寻求建立功业的机会。

⑭ 搔白首：形容人在不得志的时候的生活状况。这里是暗用杜甫《梦李白》"出门搔白首，若负平生志"的诗意，来表达自己的烦恼之心。

⑮ 倦游：倦于宦游，指不想做官了。

⑯ 手种橘千头：字面意思是自己动手栽种一千棵柑橘树，这里是指要退隐江湖，以耕种为生。典出《襄阳耆旧传》：李衡每欲治家，妻辄不听，后密遣客十人于武陵龙阳汜洲上作宅，种甘橘千株。临死，敕儿曰："汝母恶我治家，故穷如是。然吾州里有千头木奴，不责汝衣食，岁上一匹绢，亦可足用耳。"

⑰ 二客：指杨济翁和周显先，这里有称颂杨、周二人为江南名士的意思。

⑱ 名胜：指名士，名流。

⑲ 万卷诗书：有读万卷书、行万里路的意思。这里是化用杜甫《奉赠韦左丞丈二十二韵》"读书破万卷，下笔如有神。……致君尧舜上，再使风俗淳"的诗意。

⑳ 莫射南山虎：指不要再从军。典出《史记·李将军列传》："天子乃召拜广为右北平太守。……广出猎，见草中石，以为虎而射之，中石没镞。视之，石也，因复更射之，终不能复入石矣。广所居郡闻

有虎，尝自射之。及居右北平射虎，虎腾伤广，广亦竟杀之。”

㉑ 直觅富民侯：这里表面上是让友人去追求一品太平宰相的官职，实际是感叹南宋朝廷大敌当前却偃武修文。典出《汉书·食货志》：“武帝末年悔征战之事，乃封丞相为富民侯，以明休息，恩养富民也。”

◎译文

在“大漠孤烟直，长河落日圆”的边境上，战争的烟尘再次涌起，正是秋高气爽的时节，金兵大举进犯我领地。看我雄壮的十万大军奋勇迎敌，江面上排列的战舰如高楼耸立。谁说苻坚的士兵投鞭就能截断江流，想当年冒顿谋杀生父，响箭上染满血迹，佛狸南侵时在风雨中节节败退，最终也死在自己部下手中。年轻时我像苏秦一样英姿飒爽，跨着战马身披貂裘为国效力奔走于沙场上。

我已经渐渐老去，头上的白发又稀又短，连发簪都别不住了，却一事无成，如今又经过这扬州旧地，心里好难过呀。我已经厌倦了官宦生涯，真想到江湖间种桔憩息。你们二位都是誉满东南的名流，胸藏万卷诗书前程似锦。让我来为你们出谋划策的话，我的建议是，不要学李广在南山闲居射虎，去当个“富民侯”最合时宜。

◎创作背景

宋孝宗淳熙五年（1178年），词人在临安大理寺少卿任上不足半年，又调任为湖北转运副使。词人南归之前，在山东、河北等地区从事抗金活动，到过扬州，如今乘船赴湖北任所途中恰好泊驻扬州，这期间词人与友人杨济翁、周显先有词作往来唱和，当读到友人伤时的词章时，心潮澎湃，写下了这首劝勉词。

◎赏析

这是一首抚今追昔的和韵词作，通过描写词人少年时期抗敌报国建立功业的英雄气概，抒发了理想不能实现的悲愤之情。

“落日塞尘起，胡骑猎清秋”，开篇交代时间和背景。词人从金主完颜亮举兵南侵写起，首句就营造了一种战尘遮天的惨淡氛围。秋高马肥的时节，敌寇来犯，战争一触即发，渲染出敌寇甚嚣尘上的气焰。

“汉家组练十万，列舰耸层楼”，描写宋方抗金部队坚守大江。以“汉家”与“胡骑”对举，自然造成两军对峙、一触即发的战争气氛。写对方行动以“起”“猎”等字，是属于动态的；写宋方部署以“列”“耸”等字，偏于静态的。相比下之下更见金人的嚣张，宋军的镇定。“组练十万”和“列舰层楼”两个词极写宋军阵容的严整盛大，有一种必胜的信心与气势。这里对比有力，烘托出两军对垒的紧张气氛，同时也使人感觉战争的前途光明。

“谁道投鞭飞渡，忆昔鸣髇血污，风雨佛狸愁”，回忆当年完颜亮南进溃败被杀之事。完颜亮南侵期间，金统治集团内部分裂，军事上屡受挫折，士气动摇，军心离散。当完颜亮迫令金军三日内渡江南下时，被部下所杀，这场战争就此结束。这里词人化用三个典故比拟完颜亮，贴切形象，不露痕迹。宋朝军民，军容严整、同仇敌忾而金国外强中干且有“离合之衅”可乘，这正是恢复河山的大好时机。词人用热烈奔放的笔调，歌颂了当年宋军大败金兵的英雄业绩。

“季子正年少，匹马黑貂裘”，回忆自己当年的飒爽英姿。二十出头的词人以义军掌书记策马南来，使义军与南宋政府取得联系，希望协同作战，大举反击。词人以“季子”自比，突出了自己以天下为己任的少年锐进之气。

“今老矣，搔白首，过扬州”，笔锋一转，转写当下的处境。上片结句才说到“年少”，这里却继以“今老矣”一声长叹，少年英雄的意气风发与搔白首而长叹的“老”人形成强烈对比，叹中之愁闷，顿显突出。“搔白首”一词看似平淡，实含深悲，暗用杜甫的“出门搔白首，若负平生志”，感叹自己大业未成，志不得伸。南渡以来，词人长期被投闲置散，此时翘首西北，有不胜今昔之感。

“倦游欲去江上，手种橘千头”，词人对未来的打算，表面上这种生活态度十分豁达，语言也十分风趣，实际上却隐含着无奈、自嘲及悲愤的复杂情绪，反映出词人一心为国，希望能效力沙场，而朝廷的昏庸无能，让他力不能伸，想解甲而去却始终心系祖国。“欲去”而又不忍去，表现出词人内心的极度矛盾之情。

“二客东南名胜，万卷诗书事业，尝试与君谋：莫射南山虎，直觅富民侯”，这几句转到这首词的题面，是对友人的劝勉之词。词人称赞二位友人是腹藏万卷、胸怀大志的“东南名胜”，与他这个“搔白首”的凡夫俗子不同一般，对比之下，可体会到词人深深的失意哀怨之情。接着的两句看似是词人对朋友的劝勉之词，其意思应该反过来理解，实际上是斥责朝廷放弃北伐、苟且偷安、“偃武修文”的错误方针和卖国行径。在这种语境中，我们可以体会到，词人无论说自己欲隐退也好，还是劝友人争名夺利也好，都是激愤之词。“莫射”“直觅”等词，语意相当激烈，把词人的一腔愤懑不满尽情地发泄出来。

整首词采用上下片对比的手法，实现了由气势雄壮豪放到落寞无奈的陡然一转式的跳跃性很强的分片，用意含蓄，耐人寻味，有力地抒发了词人的失意和对时政的不满之情。而愤语、反语的运用，也有强化感情色彩的作用，使得英雄无用武之地的忧愤与失望情绪跃然纸上。

◎轶闻异物录

苏秦

苏秦（？—前 284），字季子，雒阳（今河南洛阳）人，战国时期著名的纵横家、外交家和谋略家。

苏秦出生于农家，早年到齐国求学，与张仪同求学于鬼谷子，跟随鬼谷子学习纵横之术。学成后，外出游历多年，穷困潦倒，狼狈而归。家人讥笑他不治生产而逞口舌之利，舍本逐末。苏秦甚感惭愧，于是闭门不出，遍观所藏之书，伏案钻研，随后刻苦攻读《阴符》，揣摩出合纵连横之术。一年后以此术游说列国，得到燕文公赏识，出使赵国。苏秦到赵国后，提出合纵六国以抗秦的战略思想，并最终组建合纵联盟，任“从约长”，兼佩六国相印，使秦国十五年不敢出函谷关。联盟解散后，齐国攻打燕国，苏秦说齐归还燕国城池。后苏秦自燕至齐国，从事反间活动，被齐国任为客卿，齐国众大夫因争宠派人刺杀，苏秦死前献策诛杀了刺客。苏秦著有《苏子》三十一篇，收于《汉书·艺文志》；帛书《战国纵横家书》存有其游说辞及书信十六篇，其中十一篇不见于现存传世古籍。

满江红[①]·江行，简杨济翁、周显先[②]

过眼溪山，怪都似、旧时相识。是梦里、寻常行遍，江南江北。佳处径须[③]携杖去，能消几緉[④]（liàng）平生屐[⑤]。笑尘劳[⑥]、三十九年非[⑦]，长为客。

吴楚地，东南坼[⑧]。英雄事，曹刘敌[⑨]。被西风吹尽，了无尘迹。楼观才成[⑩]人已去，旌旗未卷[⑪]头先白。叹人间、哀乐转相寻[⑫]，今犹昔。

◎注释

①满江红：词牌名，又称“上江虹”“念良游”“伤春曲”。九十三字，前片四十七字，八句，四仄韵；后片四十六字，十句，五仄韵。用入声韵者居多，格调沉郁激昂。另有平声格，双调九十三字，前片八句四平韵，后片十句五平韵。

②江行，简杨济翁、周显先：《全宋词》作“江行和杨济翁韵”。简：本指书信，这里用作动词，寄的意思。

③径须：简直应该。

④緉：古代计算鞋的单位，相当于“双”。《全宋词》作“两”。

⑤屐：木底有齿的鞋，六朝人游山用的齿木鞋。

⑥尘劳：风尘劳辛，指词人的宦游生涯。

⑦三十九年非：意思是回顾过去的三十九年，一切都做得不对。语出《淮南子·原道训》：“凡人中寿七十岁，然而趋舍指凑，日以月悔也，以至于死，蘧伯玉年五十而有四十九年非。”词人年近四十，套用此语自叹。

⑧吴楚地，东南坼：这里是借指沿长江而行所见到的东南一带的美丽景色。语出杜甫《登岳阳楼》：“吴楚东南坼，乾坤日夜浮。”是说

洞庭湖宽广，将吴、楚划分为东南两方。坼，把……分开，裂开。

⑨ 曹刘敌：指能敌曹刘的人。这里借古喻今，慨叹当今世上已经没有英雄了。语出《三国志·蜀志·先主传》:“是时曹公从容谓先主曰：‘今天下英雄,唯使君与操耳。本初之徒,不足数也。’先主方食,失匕箸。”敌，对手，这里暗指三国时的孙权。

⑩ 楼观才成：楼房刚刚建成。语出苏轼《送郑户曹》诗：“楼成君已去，人事固多乖。”感慨宦迹不定，事业未就鬓发先白了。

⑪ 旌旗未卷：指战事还没有结束，不应该把战旗收起来，即复国大业还未完成。

⑫ 转相寻：辗转循环，相继往复。

◎译文

从我眼前不停地向后逝去的山山水水，好像从前都在哪里见过似的。想起来了，我曾在梦中将万里江山走遍。游赏那些风景名胜，只需带上手杖即可，耗损不了几双木屐。可笑的是，我虽风尘劳碌、东奔西走，却一事无成，虚度岁月，如今快四十岁了，依然只是个匆匆过客。

昔日吴国楚国大片大片的一统江山，被分为南北两半。如今还有可以称得上英雄的成就了一番宏图大业的人，敌得过曹操和刘备吗。可惜了那些英雄豪杰，都已成了旧事，如今已没有一丝的痕迹。楼台刚刚建成，却已不见人踪。壮志未酬，我却已满头白发。可叹人世间的悲欢，不过是在循环往复间再循环罢了，从古至今都是如此啊。

◎创作背景

宋孝宗淳熙五年（1178 年）,辛弃疾由南昌调往临安（今浙江杭州）任大理寺少卿。同年秋天，又被派往武昌任湖北转运副使。赴任途中，他曾在扬州会晤杨济翁和周显先，并且写词互相唱和。离开扬州之后，词人又在途中写下这首词，寄给周、杨二人。

◎赏析

这首词将现实政治感慨与怀古之情有机结合起来，通过对往昔英雄人物的追忆，表达了词人渴望能如古代英雄一样建立伟业，但又倦于宦游、游于山川的失意矛盾之情。

“过眼溪山，怪都似、旧时相识。是梦里、寻常行遍，江南江北”，开首叙述行船江上所见的风景及由此产生的无穷感慨。长江中下游地区，山川秀美，词人南归之初，自乾道元年至三年，曾漫游吴楚，行踪遍及大江南北，对这一带山水是熟悉的。乾道四年通判建康府，此后出任地方官，调动频繁，告别山水长达十年。此时复见眼中山川，都好似在哪里见过，熟悉亲切之感油然而生。“怪”是不能认定的惊疑感，是久违重逢的最初的感触。“梦里”一词不仅有烘托虚实之妙，也是心理感受的真实写照，这种恍惚的神思，乃是多年来雄心壮志未得实现、业已倦于宦游的结果。这里既流露出词人对祖国山河的热爱之情，也寄托了词人无限的惆怅。

“佳处径须携杖去，能消几緉平生屐”，这两句承上启下，表明词人已经厌倦官场生活。表面上词人说想去游山玩水，实际上是牢骚之词。因为词人的理想抱负不得实现，因而产生了对现实的不满，想要遁入山水以求解脱。

“笑尘劳、三十九年非，长为客”，词人回忆自己的前半生，哀叹自己漂泊他乡，一事无成。表面上看这是因虚度年华而自嘲，其实，这是词人对于命运不能由自己主宰的自嘲之情，用一个“笑”字来掩盖悲伤痛苦,更显词人的无奈之情。“长为客”三字深怀忧愤，语意旷达中包含沉郁，豁达幽默中，又饱含着壮志难酬的激愤。

“吴楚地，东南坼。英雄事，曹刘敌”，由舟中所见壮阔景象，联想到三国时英雄人物孙权，照应上文的起处。“吴楚地”孙权承父兄遗业，割据和经营江南六郡八十一州，成就了几十年的霸业，令魏蜀两国不敢小觑，他的雄才大略，只有并世而立的曹操和刘备可以匹敌。“曹刘敌”虽没有点明孙权，而是通过曹操和刘备来反衬，更突显了孙权的地位，在这里词人并不仅仅是怀古，而是通过怀古表达了他对南宋朝廷屈辱的投降政策的不满。

“被西风吹尽，了无尘迹”，笔势一转，从遐想中又回到现实。“了无尘迹”，词人站在船头溯流西行，举目四望却寻不到一点遗迹，这里既流露出某种虚无思想，同时也潜藏着向往英雄、思念英主而不可求的遗憾心情。

“楼观才成人已去，旌旗未卷头先白”，直抒胸臆，表达词人内心的愤恨不平之气。这两句对仗工整，概括了词人南渡以来的经历和遭遇，吐露出抗金救国理想不能实现的忧虑和苦闷。“楼观”以建筑楼台亭阁比喻收复中原、统一祖国的事业，这不仅仅是感叹个人的年华虚度，更主要的是对南宋统治集团扼杀抗金人才的斥责。

“叹人间、哀乐转相寻，今犹昔”，结尾是词人得到的无可奈何的结论。词人无以自解烦忧，用带有宿命色彩的结论作结，反映了词人对南宋黑暗的政治现实失去了信心。

这首词用的是豪放词调，但写出来的却是低回婉转的哀情。全词因江行兴感，却没有着重写景，而是自始至终都在直抒胸臆；虽然语多含蓄，却不用比兴手法，纯属直赋。这种手法与词重婉约、比兴的传统是完全不同的，但由于词人是将对现实政治的感慨与怀古之情结合起来指点江山、纵横议论的，所以，这种直抒胸中郁闷于笔端的手法，同样具有笔力健峭、情感饱满的艺术效果和审美情趣。

◎轶闻异物录

辛弃疾的归隐情结

早在宋孝宗淳熙五年（1178 年），辛弃疾已经有了依稀朦胧的“归隐山林”意识。事实上，辛弃疾“归隐山林”意识出现的年代，还可以大大前推。如《满江红·建康史帅致道席上赋》词云：“且归来、谈笑护长江，波澄碧。”这首词作于宋孝宗乾道四年（1168 年）或稍后，时为建康府通判，年仅三十岁。又《水调歌头》词云：“散尽黄金身世，不管秦楼人怨，归计狎沙鸥。明夜扁舟去，和月载离愁。”可见辛弃疾隐逸山林的情结在他尚在壮年的时候就产生了。

辛弃疾隐逸情结的产生，不是消极颓废的意识，恰恰相反，正说明词人在积极地主张收复、抗战。只是在这种积极主张不能实现，在希望彻底破灭之后，才有了美人迟暮、英雄失路之感，更有了迷途实远、昨非今非之慨。因此，这种隐逸情结的产生十分正常。

摸鱼儿[1]·更能消几番风雨

淳熙己亥[2]，自湖北漕移[3]湖南，同官[4]王正之置酒小山亭[5]，为赋。

更能消[6]、几番风雨，匆匆春又归去。惜春长怕[7]花开早，何况落红无数。春且住，见说道[8]、天涯芳草无归路[9]。怨春不语。算[10]只有殷勤，画檐[11]蛛网，尽日惹飞絮。

长门[12]事，准拟佳期又误。蛾眉[13]曾有人妒。千金纵买相如赋[14]，脉脉[15]此情谁诉？君莫舞。君不见、玉环飞燕[16]皆尘土[17]！闲愁最苦！休去倚危栏[18]，斜阳正在，烟柳断肠[19]处。

◎注释

① 摸鱼儿：词牌名。又名“摸鱼子”“买陂塘”“迈陂塘”“双蕖怨”等，初为唐教坊曲，后用为词牌。双片一百一十六字，前片六仄韵，后片七仄韵。双结倒数第三句第一字皆领格，宜用去声。

② 淳熙己亥：即宋孝宗淳熙六年（1179 年）。

③ 漕移：指词人由湖北转运副使调任湖南转运副使。漕：漕司的简称，指转运使。移：转移，平级调动。

④ 同官：词人调离湖北转运副使后，由王正之接任原来职务，王是词人的同僚，故称同官。

⑤ 小山亭：亭名。据宋王象之《舆地纪胜》记载，这个亭子位于鄂州（今湖北武汉）湖北转运副使衙门院内。

⑥ 消：经受。

⑦ 怕：这里是恨的意思。一作“恨”。

⑧ 见说道：听说是。

⑨ 天涯芳草无归路：化用唐崔颢《黄鹤楼》“晴川历历汉阳树，芳草萋萋鹦鹉洲。日暮乡关何处是？烟波江上使人愁”诗意。无：一作“迷”。

⑩ 算：算起来，看来。

⑪ 画檐：有雕画装饰的屋檐。

⑫ 长门：指汉代的宫殿名，武帝皇后失宠后被幽闭于此。司马相如《长门赋序》：“孝武皇帝陈皇后，时得幸，颇妒。别在长门宫，愁闷悲思，闻蜀郡成都司马相如天下工为文，奉黄金百万，为相如，文君取酒，因于解悲愁之辞，而相如为文以悟主上，陈皇后复得幸。”

⑬ 蛾眉：代指女子姣美的容貌。语出屈原《离骚》：“众女嫉余之蛾眉兮，谣诼谓余以善淫。”

⑭ 相如赋：司马相如的《长门赋》。

⑮ 脉脉：含情不语的样子。

⑯ 玉环飞燕：杨玉环和赵飞燕。杨玉环是唐玄宗最宠爱的妃子，安禄山叛乱，玄宗西逃，在马嵬坡缢死了杨玉环；赵飞燕是汉成帝宠爱的皇后，后被废为平民，自杀而亡。

⑰ 皆尘土：指杨玉环和赵飞燕都死于非命，生前得到的一切都落空了。

⑱ 危栏：高处的栏杆。栏：《全宋词》作“楼”。

⑲ 断肠：这里是形容极度思念或悲痛。

◎译文

淳熙己亥年，我由湖北转运副使的职位平调到湖南任转运副使，我昔日的同僚王正之在小山亭上置酒为我践行，有感而作此赋。

还能经得住吗？这反反复复的，几回风雨摧残，春天的脚步又将匆匆地离去。因为喜欢春天，常常害怕花儿开得过早，更何况此时已是落红无数了。春天啊请你留步吧，难道你没听说过“晴川历历汉阳树，芳草萋萋鹦鹉洲。日暮乡关何处是？

烟波江上使人愁”吗？真是让人怨恨啊，春天就这样默默无语地来了又走了。看起来只有殷勤多情的蜘蛛，还在雕梁画栋间不停地吐丝结网，为了留住春天里漫天飞舞的柳絮。

长门宫里的陈皇后天天期盼着重被召幸，约定了的佳期却又一再延迟。都是因为太过美丽而遭人嫉妒。纵然用千金买了司马相如的名赋，这一份脉脉无语的深情能向谁倾诉？奉劝你们不要得意忘形，难道没看见杨玉环、赵飞燕都化作了尘土。闲愁是最能折磨人的苦闷了！不要再去登高楼凭栏眺望远处了，夕阳正要沉落，那烟柳迷蒙的地方最是令人伤心之处。

◎创作背景

宋孝宗淳熙六年（1179年），是辛弃疾南渡后的第十七年，此时他已是四十岁的人了，由湖北转运副使改调湖南转运副使。在此前两三年内，词人转徙频繁，均未能久于其任，朝廷这次的调动是为了不让恢复派抬头，这一调转，使得现实与词人恢复失地的志愿相去越来越遥远。行前，同僚王正之在山亭摆下酒席为他送别，词人感慨万千，写下了这首词。

◎赏析

这首词通过描写失宠女人的苦闷，来抒发词人自己壮志难酬的愤慨和对国家命运的关切之情。

“更能消、几番风雨，匆匆春又归去”，开篇描写春之离去匆匆，表达了词人的惜春心理。以“更能消”三字起笔，在读者心头提出了“春事将阑”，还能经受得起几番风雨摧残这样一个大问题。表面上，“更能消”一句是就春天而发，实际上却是就南宋的政治形势而言的。本来，宋室南渡以后，曾多次出现过有利于爱国抗金、恢复中原的大好形势，但是，由于朝廷的昏庸腐败，投降派的猖狂破坏，使抗战派失意受压，结果抗金的大好时机白白丧失了。这中间虽有几次北伐，结果均以签订屈膝投降的“和约”而告终。北伐的失败，反过来又成为投降派坚持妥协投降路线的口实。南宋王朝处于风雨飘摇之中。“匆匆春又归去”，就是这一形势的形象化写照，说明抗金复国的大好春天已经化为乌有了。

“惜春长怕花开早，何况落红无数”，这两句是对惜春心理的进一步描写。词人如此留恋着这大好春光，然而现实却是如此无情，两句一起一落，表现出理想与现实之间的矛盾。“落红”是春天逝去的象征，同时，它又象征着南宋国事衰微，也寄寓了词人光阴虚掷、事业无成的感叹。

“春且住，见说道、天涯芳草无归路”，运用拟人化手法，描写词人对春的强行挽留。“春且住”明知春天的归去是无可挽回的大自然的规律，却强行挽留。“无归路”表面上写的是“惜春”，实际是向南宋王朝提出忠告，它形象地说明，只有坚持抗金复国才是唯一出路，否则连退路也没了，反映了词人恢复中原、统一祖国的急切心情。

“怨春不语。算只有殷勤，画檐蛛网，尽日惹飞絮”，词人以蜘蛛自比，突出内心的矛盾。尽管词人发出强烈的呼唤与严重的警告，但“春”却不予回答。春色难留，势在必然，但春光无语，却出人意料。所以难免要产生强烈的“怨”恨。然而怨恨又有何用！在无可奈何之际，词人又怎能不羡慕“画檐蛛网”？即使能像“蛛网”那样留下一点点象征春天的“飞絮”，也是心灵中莫大的慰藉了。“殷勤”二字，突出地表达了词人对国家的耿耿忠心。这两句还暗示着词人虽有殷勤的报国之心，无奈官小权小，不能起多大的作用。这四句把“惜春”“留春”“怨春”等复杂矛盾的感情交织在了一起。

“长门事，准拟佳期又误。蛾眉曾有人妒。千金纵买相如赋，脉脉此情谁诉”，借用汉武帝陈皇后失宠的典故，来比拟词人自己的失意，说明“蛾眉见妒”自古就有先例，陈皇后被打入冷宫是因为有人在妒忌她，她拿出黄金买得司马相如的一篇“长门赋”，希望用它来打动汉武帝的心，但她所期待的“佳期”仍属渺茫。这种复杂痛苦的心情，能对何人去诉说？“蛾眉见妒”证实词人的观点：不只是词人个人仕途得失的问题，更重要的是关系到宋廷兴衰的前途。

“君莫舞。君不见、玉环飞燕皆尘土”，以杨玉环、赵飞燕的悲剧结局比喻当权误国、暂时得志的奸佞小人，向投降派提出警告。

“闲愁最苦。休去倚危栏，斜阳正在、烟柳断肠处”，结尾甩开咏史，又回到写景上。以景语作结，是词家惯用的技巧。因为以景语作结,会有含蓄不尽的韵味。“烟柳断肠”与上片的“落红无数”、春意阑珊相呼应。“斜阳正在、烟柳断肠处”，是暮色苍茫中的景象，这是词人在结尾处着意运用的重笔，旨在点出南宋朝廷日薄西山、前途暗淡的趋势。

这首词有着鲜明的艺术特点。一是通过比兴手法，创造象征性的形象来表现词人对祖国的热爱和对时局的关切，拟人化的手法与典故的运用也都恰到好处。二是继承屈原《离骚》的优良传统，用男女之情来反映现实的政治斗争。三是缠绵曲折，沉郁顿挫，呈现出别具一格的词风，可谓极哀怨、极沉痛，曲尽而情未终。

◎轶闻异物录

司马相如

司马相如（约前 179—前 118），字长卿，蜀郡成都人。

司马相如是中国文化史和文学史上杰出的代表之一，是西汉盛世汉武帝时期的文学家、政治家，被班固、刘勰称为“辞宗”，被林文轩、王应麟、王世贞等学者称为“赋圣”。同时，司马相如出使西南夷，将西南夷民族团结统一于大汉疆域，被称为“安边功臣”，名垂青史。

司马相如与卓文君的爱情故事也广为流传。他们不拘封建礼教的束缚，追求自由、幸福的爱情婚姻的果敢行为，远在公元前就演绎了自由恋爱的经典，被誉为“世界十大经典爱情之首”，闻名中外。后人则根据他二人的爱情故事，谱得琴曲《凤求凰》流传至今。他是汉赋的奠基人，扬雄欣赏他的赋作，赞叹说：“长卿赋不似从人间来，其神化所至邪！”

祝英台令·晚春

宝钗分[①]，桃叶渡[②]。烟柳暗南浦[③]。怕上层楼，十日九风雨。断肠[④]片片飞红，都无人管，更谁劝、啼莺声住[⑤]。

鬓边觑[⑥](qù)。试把花卜心期[⑦]，才簪[⑧](zān)又重数。罗帐灯昏[⑨]，哽咽梦中语。是他春带愁来，春归何处。却不解、带将愁去。

◎注释

① 宝钗分：指古代男女分手时，将女方头上的金钗掰开为两股，双方各持一股作为信物。古代早有这种习俗，南宋时尤其盛行。

② 桃叶渡：渡口名，在今江苏南京秦淮河与青溪合流处。传说东晋王献之有妾名桃叶，曾在这里渡河，王献之作《桃叶歌》相送，该地因此得名。这里泛指男女送别的地方。

③ 南浦：南朝江淹《别赋》中有“送君南浦，伤如之何”的句子，后世遂用“南浦”泛指水边送别的地方。

④ 断肠：形容悲伤到了极点。

⑤ 更谁劝、啼莺声住：《全宋词》作“更谁唤、流莺声住”。

⑥ 觑：斜视的意思。

⑦ 花卜心期：用花瓣的单双数来预卜丈夫归来的日期。心：一作“归”。

⑧ 簪：这里用作动词，将簪插在头上的意思。

⑨ 灯昏：昏暗的灯光。

◎译文

在桃叶渡口分别，将金钗辟为两截作为信物。南浦那里烟雾笼罩着垂柳，也是暗淡凄凉的景象。我怕登上高楼，因为十天里有九天都是风号雨骤。片片飘飞的花瓣令人断肠悲愁，风雨摧花却没人来救，更有谁去劝那黄莺儿停下叫声？

看着簪在鬓边的花簇，试着数花瓣来预卜离人的归期，才簪上的花簇又摘下来重新数。昏暗的灯光映照着罗帐，梦中悲泣着哽咽难诉：是春天的到来给我带来了忧愁，而今春天又归向何处？为何不将忧愁带走。

◎创作背景

这首词写作时间不详。自宋高宗绍兴三十二年（1162年）词人南归后，屡屡受压，不被重用，他恢复中原的壮志难以伸展，所以假托闺怨之词以抒发胸中的郁闷，这和他的另一首《摸鱼儿·更能消几番风雨》是同一情调，同一抒情手法，但不能确指为因某一事而发。

◎赏析

这是一首抒写别情的闺怨词，是词人假托一个女子叙说伤春和怀念亲人的苦愁，寄寓了对祖国长期分裂的悲痛。

“宝钗分，桃叶渡。烟柳暗南浦”，开篇点明别时的节气，衬托悲苦的心情。“宝钗”“桃叶”，用两个典故，追忆与恋人送别时的眷眷深情，给词着了一层艳彩。“烟柳暗南浦”渲染暮春时节送别时埠头上烟柳迷蒙之景。三句中连用了三个有关送别的典故，最后融会成一幅情致缠绵的离别图景，烘托出词人凄苦怅惘的心境。

“怕上层楼，十日九风雨”，写别后的思念与由此而引起的心绪。情人分手后，登楼远眺，怀念离人，已是使人不胜其感情负载了，更何况又总是遭遇横雨狂风，虽能登楼而不能远望，这是使人痛楚的一个原因；风雨晦暝，大自然的阴冷更加深了离人的凄苦情怀，这又是使人痛苦的一个因素。只此一句话，就有多层涵义，层层深入，对比映衬，令人不忍卒读！

“断肠片片飞红，都无人管，更谁劝、啼莺声住”，写春去花落，无人爱惜，莺声呜啭，无人劝阻，由此而更增添她的愁苦。用“都”字对“无人”作强调，突出江南三月，群莺乱飞的景象。“都无人管”与“更谁劝 ”，进一步抒发了怨春怀人之情。

“鬓边觑。试把花卜心期，才簪又重数”，通过占卜归期的神态来刻画女主人公的心理活动。“鬓边觑”三字，刻画少妇的心理状态细腻密致，惟妙惟肖。“觑”字，把闺中女子娇懒慵倦的细微动作和百无聊赖的神情，生动地刻画了出来 。“试把”是“觑”的结果，飞红垂尽，莺声不止，春归之势不可阻拦，怀人之情如何表达。鬓边的花使她萌发了一丝侥幸的念头：数花瓣卜归期。明知占卜并不可信，却又“才簪又重数”。一瓣一瓣数过了，戴上去，又拔下来，再一瓣一瓣地重头数。这种单调的重复动作令人既觉得可笑又觉得心酸。词人在此用白描手法，对人物的动作进行细腻的描写，充分表现出少妇的痴情。

“罗帐灯昏，哽咽梦中语。是他春带愁来，春归何处。却不解、带将愁去”，描写梦中相思之情，以怨春作结。“哽咽梦中语”一句梦话，便将痴情人的内心情思和盘托出，透过这些简单的动作，可以清晰地感到人物脉搏的跳动，人物形象呼之即出。将责问的语气托之于梦呓，显得波谲云诡，绵邈飘忽。虽然这种责问是极其无理的，但越无理却越有情。痴者的思虑总是出自无端，而无端之思又往往发自情深不能控者。因此这恰恰是满腹痴情怨语的少妇内心的真实反映。

这首词与词人一贯雄浑的豪放词风有所不同，具有婉约词的风格，其章法绵密，词面上虽不着一个“怨”字，却笔笔含“怨”，颇多转折，而且是越转越缠绵，越转越凄恻，将一片怨语痴情全部包含在转折中，充分显示了婉约词绸缪婉转的艺术风格。词人在此通过儿女之情，寄托家国之愁，而其满腹的怨恨，却不说破，留给读者自己想象的空间，具有很强的艺术魅力。

◎轶闻异物录

桃叶渡

桃叶渡位于南京市秦淮区，是秦淮河上的一个古渡，位于秦淮河与古青溪水道合流处附近，南起贡院街东，北至建康路淮清桥西，又名南浦渡。桃叶渡是南京古名胜之一，列于金陵四十八景内。在原渡口处立有“桃叶渡碑”，并建有“桃叶渡亭”，从六朝到明清，桃叶渡处均为繁华地段，河舫竞立，灯船萧鼓。

关于桃叶渡名字的由来有两种说法。其一，民间传说在东晋时期，秦淮河与古青溪水道两条河的岸边栽满了繁茂的桃树，春天起风的时候就会有接连不断的桃叶轻浮水面，被风吹得四处飘零，撑船的艄公望那满河浮泛的桃叶，笑谓之桃叶渡。其二，传说东晋书法家王献之有个爱妾叫“桃叶”，她往来于秦淮两岸时，王献之放心不下，常常亲自在渡口迎送，并为之作《桃叶歌》：“桃叶复桃叶，渡江不用楫；但渡无所苦，我自迎接汝。”从此渡口名声大噪。久而久之南浦渡也就被称呼为桃叶渡了。

阮郎归·耒（lěi）阳[1]道中为张处父推官赋[2]

山前灯火欲黄昏，山头来去云[3]。鹧鸪声里数家村。潇湘[4]逢故人[5]。

挥羽扇，整纶巾[6]。少年鞍马尘。如今憔悴赋招魂。儒冠[7]多误身。

◎注释

①耒阳：县名，即今湖南耒阳。宋代属衡州，隶属于荆湖南路。

②为张处父推官赋:《全宋词》无。张处父，生平不详。

③云:《全宋词》作“雪”。

④潇湘：潇水、湘水在湖南零陵合流后称为潇湘，这里指耒阳一带。

⑤故人：指张处父。

⑥纶巾：指有青丝带的帽子。羽扇纶巾是魏晋时代“儒将”的服饰，这里代指词人自己。

⑦儒冠：读书人戴的帽子，这里指代读书人。

◎译文

快要到黄昏了，山前的灯火闪烁，山头上有朵朵浮云飘来飘去。在鹧鸪鸟声响起的地方，住着数户山村人家，我在冷清的潇湘道上喜逢故人。

回想当年，我也曾像诸葛亮那样手执羽扇，头戴纶巾，风度潇洒，气度非凡。少年时我也曾镇定自若地指挥着千军万马与敌人鏖战。如今虽然憔悴落魄，但我要像宋玉那样，作《招魂》赋招回失去的灵魂。自古以来书生多是无用之辈，读书多反而误了自身。

◎创作背景

宋孝宗淳熙三年（1176年），辛弃疾由江西调任京西转运判官，第二年又调任江陵知府兼湖北安抚使，辗转一段时间后，又被调任湖南，可见其调任之频繁、身世之漂泊。这首词大约作于淳熙六年（1179年）或淳熙七年（1180年），此时他正担任湖南转运副使和安抚使。

◎赏析

这首词通过描写巧遇故人、回忆少年时的戎马生涯，表现了词人仕途沦落的抑郁之情。

“山前灯火欲黄昏，山头来去云”，描写了黯然浮动的景象，衬托出词人仕途漂泊不定的状态。“欲”字意蕴深刻，“欲黄昏”描绘出黄昏将至未至、夜幕将降未降的瞬间景象。“山前灯火”表明此时天色已近昏暗，山头的浮云飘飘然然，好似词人飘忽不定、频繁调任的遭遇。这两句笔法纯熟，自然天成，把山村的景象，和盘托出。

“鹧鸪声里数家村。潇湘逢故人”，描写巧遇故人的场景。“鹧鸪声”一向给人以悲凉之感，令人寒心。词人此时听见阵阵鹧鸪的叫声，心中不禁顿生悲凉，联想到自己的前途未卜，更觉得凄凉万分，此时的气氛是沉闷和凄苦的。接着笔锋陡然一转，忽然见到友人，立即转悲为喜，此时的气氛又是轻松和愉悦的。“潇湘逢故人”，化用梁代柳恽的诗句：“洞庭有归客，潇湘逢故人。”（见《江南曲》），承上启下，紧扣词题。

“挥羽扇，整纶巾。少年鞍马尘”，承接上篇，用典故，回首往事。词人借用三国时诸葛亮手挥羽扇、头戴纶巾指挥三军的典故，来比喻当年自己抗金时的英雄形象和潇洒风度。“少年鞍马尘”中的“少年”代指词人自己，他当年渡淮南归，正是为了在恢复事业中干出一番轰轰烈烈的业绩。不料后来屡遭排斥，频繁调任，抗金的奏策，如同废纸一样，无人问津。抚今思昔，词人不禁心潮澎湃，感慨万千。

“如今憔悴赋招魂。儒冠多误身”，继续用典故来表达自己对现实境遇的控诉。词人发出疑问，这看似没有答案的疑问，实际上是词人向软弱无能的南宋朝廷发出强烈的抗议，并控诉主和派对爱国主战派志士的迫害，表达出强烈的爱国情怀和对朝廷的不满。“招魂”，是《楚辞》的篇名，词人借用此典故，表明自己满腹哀怨牢骚。“儒冠多误身”,是借用杜甫的诗句“纨袴不饿死，儒冠多误身”（见《奉赠韦左丞丈二十二韵》），来表现自己落魄蹉跎的遭遇，语调低沉，感情凄怆，读之令人垂泪，不禁对词人无限同情。

全词用典巧妙而自然，虽词短但情长，感情真挚而朴实。

◎轶闻异物录

《招魂》

《招魂》是楚辞中一篇独具特色的作品，它是模仿民间招魂习俗写成的，其中又包含作者的思想感情。作者是谁存在争议，一说宋玉“哀屈原魂魄放佚”，因而作。但是多主张为屈原作。

《招魂》当作于公元前296年，即楚顷襄王三年。公元前299年楚怀王受秦欺骗，入武关而被拘于秦，后逃跑不成，于公元前296年怨愤而死。楚襄王三年，秦欲与楚修好，归怀王丧，“楚人皆怜之，如悲亲戚”，楚人同情怀王这个昏君，除敌忾之心外，还因怀王囚秦时，不肯割地屈服，总算有些骨气。屈原曾受怀王信用，后来被谗见疏，但总希望怀王有所觉悟。怀王一死，楚国又面临亲秦、拒秦的斗争。屈原写作《招魂》，即认同楚人“如悲亲戚”之情，其中自然就包含了对秦的敌忾之心。屈原写作《招魂》，就是模仿民间的创作，呼唤楚怀王的灵魂回到楚国来。

木兰花慢·席上送张仲固帅兴元[①]

汉中开汉业[②]，问此地，是耶非[③]？想剑指三秦[④]，君王得意，一战东归。追亡事[⑤]，今不见[⑥]，但山川满目泪沾衣[⑦]。落日胡尘[⑧]未断，西风塞马[⑨]空肥。

一编书[⑩]是帝王师，小试[⑪]去征西。更草草离筵[⑫]，匆匆去路，愁满旌旗[⑬]。君思我，回首处，正江涵秋影[⑭]雁初飞。安得车轮四角[⑮]，不堪带减腰围[⑯]。

◎注释

① 送张仲固帅兴元：指送张仲固到兴元府做父母官。张仲固：张坚，字仲固，金坛（今属江苏）人，宋高宗绍兴二十四年（1154）进士，词人的好友。帅：宋代地方军政长官的通称，这里用作动词，去那里做官的意思。兴元：指兴元府，即今陕西省汉中市。送:《全宋词》作“呈”。

② 是耶非：是不是。

③ 开汉业：指刘邦以汉中为基础，开创了汉王朝的帝业。

④ 剑指三秦：指刘邦占领三秦地区的事。项羽灭秦后，将原来的秦国划分成三块，即雍、塞、翟，并分封给秦的三个降将，称为三秦。后来刘邦东征，先灭掉了三秦。

⑤ 追亡事：指萧何追韩信一事。据《史记·淮阴侯列传》记载，韩信初归刘邦时不受重用，愤然离去，萧何得知后，连夜将韩信追了回来，之后刘邦采纳萧何的建议，拜韩信为大将，最终打败了项羽，夺得了全国政权。

⑥ 今不见：现在不存在了。这里是感叹爱惜人才的事在当代已经没有了。

⑦ 泪沾衣：形容爱国志士目睹故国山川不能收复而热泪纵横的样

子。化用初唐诗人李峤《汾阴行》诗："山川满目泪沾衣，富贵荣华能几时。"

⑧ 胡尘：金人的军马扬起的尘土，借指前线与金人的战事。

⑨ 西风塞马：秋天的风吹着边塞军营里的战马。西风：秋风。塞马：边关的战马。

⑩ 一编书：据《史记·留侯世家》记载，刘邦的谋臣张良少年时经过下邳（今属江苏睢宁）圯桥，桥上老人拿出一部书送给他，告诉他读了此书就能成为"王者师"。

⑪ 小试：牛刀小试，略展才能。

⑫ 草草离筵：这里表示酒席不丰盛。

⑬ 旌旗：这里代指张坚的随行仪仗。

⑭ 江涵秋影：形容送别时的环境氛围。语出杜牧《九日齐山登高》："江涵秋影雁初飞，与客携壶上翠微。"涵：沉浸。

⑮ 车轮四角：这里是盼望车子开不动，行人不要走的意思。语出唐陆龟蒙《古意》："君心莫淡薄，妾意正栖托。愿得双车轮，一夜生四角。"意思是车轮上长角，车子就走不动了。

⑯ 带减腰围：说的是昭明太子萧统因母亲去世而悲伤过度，人也变瘦了。语出《梁书·昭明太子转》："及（丁贵嫔）薨，（萧统）步从丧还宫，至殡，水浆不入口，每哭则恸绝。……体素壮，腰带十围，至是减削过半。"

◎译文

汉中可是汉朝开创帝业的地方啊，请问：这个地方就是当时的汉中吗？想当年攻占了三秦土地后，高祖刘邦乘胜东进，为争夺天下与项羽一决雌雄。追回逃跑的韩信并拜他为大将，这样尊重人才的事，现在是难以见到了，只有那满目破碎的山河令人不禁潸然泪下沾湿了衣襟。西望落日中，金人的侵扰从未停止过，飒飒秋风中，大宋王师的边塞马厩中，每一匹马都养得膘肥体壮，已不是战马。

您就像那得了书的张良可以成为帝王的老师，如今去西方兴元不过是小试身手。我备下这简单的饯行酒，你就要匆忙上路，仪仗队里的旌旗飘满了离愁。你想念我的时候，回头看，秋江上天光水影，征雁啁啾次第飞。怎么能够让车轮长出四只角把行人强留，禁不起相思别恨衣带渐宽人渐瘦。

◎创作背景

宋孝宗淳熙七年（1180 年）秋天，辛弃疾再次任职兴隆（今江西南昌）府知府，兼任江西安抚使。在为原江西路转运判官张仲固奉调兴元知府设宴饯行，有感而作此词。

◎赏析

这首送别词描写的不是一般的祝贺和惜别，而是立足于国家兴亡的高度，抨击了南宋统治者偏安一隅、妥协投降的错误政策，抒发了词人追求国家统一的爱国情怀。

“汉中开汉业，问此地，是耶非”，开篇点明了友人要去的地方。“开汉业”汉中是汉高祖刘邦据以东征夺取中原的根据地，也是当时南宋抗金的西北前哨所在。词人满怀一腔报国之志，一生都渴望光复故土，洗去被金军侵略的耻辱，友人即将前往汉中，触动了他的满腹心事。于是发出明知故问的感叹：是以前的那个汉中吗？词人想到当下形势，难掩心中的忧虑与失望之情。

“想剑指三秦，君王得意，一战东归”，回顾汉中不平凡的历史。当初实力远比项羽弱小的刘邦，从汉中率军出发，直指关中，相继击溃踞守关中的秦的三将，那是多么高明的战略决策，多么令人羡慕的战果，与当下南宋皇帝偏暗江南，不图恢复，坐使金人侵吞半个中国的局面恰恰形成鲜明对比。

“追亡事，今不见，但山川满目泪沾衣”，由历史的回顾转向眼下的现实。“追亡事”是著名的“萧何追韩信”的故事，刘邦之所以能如此志得意满，原因之一就是他得到人才，而又重用人才。这段历史趣事和刘邦帝业联系在一起，尽管时移世变，也没有冲淡人们美好的记忆。而如今朝廷排斥包括词人在内的许多栋梁之材，爱惜人才的事早就找不到了，只剩下山河破碎，志士怎能不落泪。这里借古喻今，目的是点明今不如昔。

“落日胡尘未断，西风塞马空肥”，描写边关的战事。“胡尘未断”和“塞马空肥”既写出严重的民族危机，又抒发报国无路的悲愤。词人追忆刘邦充满荣光的战斗历程，无奈如今的朝堂却是一派文恬武嬉，国势衰微，萎靡不振。大好河山看似依旧，其实早已被金军的铁骑踏遍。看着敌骑在南宋的疆土上肆意驰骋，像词人这般怀有一腔报国之志的血性男儿，又岂能无动于衷。

“一编书是帝王师，小试去征西”，以张良辅佐刘邦为喻，希望友人到汉中之后能有所作为，与篇首呼应。“小试”二字微讽，既是“帝王师”，为什么不大用，而只“小试”呢？还是因为当权者的不作为，让英雄豪杰无处施展才华。但又是双解，小试之后，必有大用。这两句既是对友人才华才干的肯定，也是对友人前途的美好祝愿。

“更草草离筵，匆匆去路，愁满旌旗”，抒写的是对友人的依依不舍之情。词人心中对友人的不舍随着分别时刻的临近而越来越深，以“更”字领起，纵笔直抒，沉恨离愁，尽吐纸上，充分揭示出别离时的愁苦心境。忧国忧民之情与个人的离愁别绪融合到一起，不禁让人“愁满旌旗”。

“君思我，回首处，正江涵秋影雁初飞”，设想离别之后，友人思念词人的情形。这里从友人思念自己着笔，以“江涵秋影雁初飞”的成句，写孤独的友人望雁寄情之貌，寓情于景。

“安得车轮四角，不堪带减腰围”，以对友人深深的不舍之情作结。离别在即，词人满腹离愁无法化解，寄希望于不可能实现的事，可见用情至深。这两句从自己思念友人出发，与上句相呼应，这也从侧面反映出他们之间的情谊不是区区私情，而是抗战爱国志士的同志之谊，既紧扣了题面，又呼应了上片。

这首词结构紧凑，用典广泛，采用借古讽今的艺术手法，全面地表达词人炽烈的爱国之情。而且语言也颇为精炼，化用前人的诗句，却能翻出新意，运用得恰到好处，足见词人高超的驾驭语言的能力。

◎轶闻异物录

萧何月下追韩信

楚汉相争之际，韩信在项羽帐下不得重用。适逢汉谋士张良出外寻访帅才。张良访到韩信，并交与他一封举荐书，要他去见刘邦。韩信到达褒中时被夏侯婴引见给相国萧何，得萧何器重。萧何向刘邦举荐韩信，刘邦得知韩信出身微贱，不肯重用。萧何多次向刘邦奏本，极力推荐韩信为大将。刘邦不允，非要等张良推荐的人才到来。韩信见相国再三保荐，汉王仍执意不听，便留诗一首，乘夜色弃官而走。萧何听说韩信离去，深恐失去人才，不顾道路艰难，戴月追赶。当见到韩信时，萧何在急累交加中，竟从马上跌下，仍苦劝韩信返回褒中。韩信深受感动，于是把张良的举荐书拿出。萧何喜出望外，与韩信一同去见刘邦。刘邦见到张良的举荐书，立即封韩信为大将军，并在萧何建议下，为其高筑将坛，登台拜将。从此，刘邦文依萧何，武靠韩信，举兵东向，争夺天下。

沁园春·带湖[1]新居将成

三径[2]初成，鹤怨猿惊[3]，稼轩[4]未来。甚[5]云山自许，平生意气[6]，衣冠人[7]笑，抵死[8]尘埃。意倦须还[9]，身闲贵早，岂为莼羹鲈脍[10]哉。秋江上，看惊弦雁避，骇浪[11]船回。

东冈更葺[12]茅斋[13]。好都把轩窗临水[14]开。要小舟行钓，先应种柳，疏篱护竹，莫碍观梅。秋菊[15]堪餐，春兰[16]可佩，留待先生[17]手自栽。沉吟[18]久，怕君恩未许，此意徘徊。

◎注释

①带湖：湖名，在信州府城北灵山脚下，今江西上饶市。词人在这里买地建造了一幢别墅。写作此词时，他还在江西安抚使任上。

②三径：代指归隐者的居所。语出苏轼《次韵周邠》："南迁欲举力田科，三径初成乐事多。"

③鹤怨猿惊：语出南朝孔稚珪《北山移文》"至於还飚入幕，写雾出楹，蕙帐空兮夜鹤怨，山人去兮晓猿惊。"意思是带湖别墅所饲养的白鹤和猿猴惊怪他们的主人为何还不来。

④稼轩：指词人自己。

⑤甚：既然，正是。

⑥意气：神态，这里是志气的意思。

⑦衣冠人：指上流或高贵的人物。

⑧抵死：总是，老是。

⑨意倦须还：这里是退隐的意思。

⑩莼羹鲈脍：江南水乡的美味食品。

⑪骇浪：形容海浪像马受惊时的奔跑。

⑫葺：用茅草盖房子。

⑬ 茅斋：茅草盖顶的书房。

⑭ 轩窗临水：化用苏轼《再和杨公济梅花十绝》“白发思家万里回，小轩临水为花开”诗意。

⑮ 秋菊：化用屈原《离骚》“朝饮木兰之坠露兮，夕餐秋菊之落英”诗意。

⑯ 春兰：化用屈原《九歌·礼魂》“春兰兮秋菊，长无绝兮终古”诗意。表明词人如屈原一般志行高洁，不愿同流合污。

⑰ 先生：是下人对辛弃疾的称呼。

⑱ 沉吟：迟疑不决的样子。

◎译文

刚刚建好的新居就是我的归隐之处，白鹤猿猴都在惊怪，我的主人稼轩什么时候才能归来。回归山林原野正是我早已对自己许下的承诺，也是我平生的意愿；为什么要担心会被那些位高权重的士人所嘲笑，总比混迹于尘埃要好吧。既然已经厌倦了官场，就该急流勇退，回归自然，身轻心闲当然是越早越好，岂能眷恋那些官爵俸禄、美味佳肴。你看看那秋日江面上，听到弓弦响，惊得鸿雁都急忙躲开；骇浪扑来时，正在航行的大船也会回头靠岸。

选择在东冈上盖起茅屋书斋，把门窗临湖而开。要想划船垂钓，先在岸边种下一排排杨柳；插上篱笆保护好刚刚栽种的翠竹，但不要太密，妨碍赏梅。秋菊能用来佐餐，春兰开花时可以佩戴在头上、身上，既增彩又留香，这春兰秋菊我归来时会亲手栽种。考虑再三，我还是担心圣上不会恩准，所以，至今我还没有拿定主意，正在徘徊。

◎创作背景

这首词写于宋孝宗淳熙八年（1181 年），辛弃疾在江西路安抚使任上。自渡江以来，辛弃疾力主抗金，收复中原，但朝廷并无此意，不加重用，所以他壮志难酬，又屡遭贬斥，让他深深地察觉到统治集团的苟安腐败，险恶黑暗，使他产生了退隐的消极思想。当他第二次任江西路官员时，对江西的山川比较熟悉，就选中上饶的带湖，在此修建了新居，作为将来退隐之处，取名为“稼轩”，并自号为“稼轩居士”以示去官务农之志。在新居基本建成时，写了这首词。

◎赏析

这首词是词人在带湖新居即将落成之时所发的感慨，词中抒写了对官场的厌倦，抒发了词人对隐居生活的向往。

“三径初成，鹤怨猿惊，稼轩未来”，开门见山，点明主题。“三径初成”表明日后已有栖身之所，词人在失意之中亦有几分欣慰,也暗示了词人退隐之志已决。后两句引用南齐孔稚珪《北山移文》的诗句：“蕙帐空兮夜鹤怨，山人去兮晓猿惊。”孔稚珪的原意是讽刺假隐士周颙贪图爵禄而抛弃隐居生活，词人在这里反其道而行之，假设即将友好伴处的鹤猿埋怨自己仕而不归，表明自己的退隐势在必行。

“甚云山自许，平生意气；衣冠人笑，抵死尘埃”，写出了词人官海沉浮的痛切感受。自己的平生志趣是隐居山林，但为什么还老是待在尘世里当官，惹先贤隐士嘲笑呢！显然，这只不过是词人在遭到投降派一连串打击之后，所发的一种牢骚自嘲而已。前面说猿鹤怨主人不归，这里说名士嘲笑自己不实践平生志趣，前后照应，都表达出事与愿违的苦恼情绪。至此，已把在官场留恋时间太久这层意思写足。

“意倦须还，身闲贵早，岂为莼羹鲈脍哉”，明确自己的归隐意愿。词人厌倦如今官场,不愿再为苟安的朝廷效劳。“贵早”二字呼应前文，曲露对新居的向往，同时也暗示了词人同南宋统治集团之间的矛盾已到了不可调和的程度，归隐是势在必行了。接着词人故意提出一个问题，我难道是为了这美味佳肴才退隐的吗？答案是否定的，词人知道张翰之所以退隐，主要原因还是避祸，因为当时西晋政权内部斗争激烈，他不愿做无意义的牺牲，所谓的莼羹和鲈鱼脍只不过是托词而已。

“秋江上，看惊弦雁避，骇浪船回”，回答上文的提问，表明归隐的真正原因。这里连用比喻暗示自己之所以要退隐，也是为了避祸，就像鸿雁听到了弦响而逃，航船见到了恶浪而避一样，是无可奈何的做法。这三句说得非常沉痛，抗金英雄本一心想为祖国的统一事业作贡献，却接二连三地遭到反对派对他的诽谤和打击，而且词人预感会有新的迫害在等待他，词人内心多么痛苦！

“东冈更葺茅斋。好都把轩窗临水开。要小舟行钓，先应种柳；疏篱护竹，莫碍观梅”，具体描绘带湖新居的环境布置。前二句是就建筑方面说的，再修一幢茅屋作为书斋，设于东冈，并把窗户全部面水而开，既照应了题中“带湖”二字，又照应了“平生意气”，即“云山自许”的雅致。而“行钓”同“种柳”联系起来，表明词人向往的是“小舟撑出柳阴来”的画面和意境，表达了对官场争斗的厌倦，对乡村宁静的向往。接着写柳、竹、梅，不仅表现了词人的生活情趣，更喻指词人的为人节操。竹、梅是“岁寒三友”之二，竹经冬而不凋，梅凌寒而花放，所以，词人以竹、梅的高风亮节自喻。再从既要“疏篱护竹”，又要“莫碍观梅”中，表示出词人玩花弄草的雅兴，更可以看出他对竹、梅坚贞品质的热情赞颂和讴歌。

“秋菊堪餐，春兰可佩，留待先生手自栽”，表面上是继续写新居的环境布置，实际上是借题发挥，借屈原表明自己不与俗世和官场同流合污的高洁志趣。菊、兰都是屈原喜爱的高洁的花草，他在《离骚》中有“餐秋菊之落英”“纫秋兰以佩”等句，表示自己所食之素洁和所服之芬芳，词人说既然古人认为菊花可餐、兰花可佩，那他一定要亲手把它们栽种起来。显然，“秋菊”两句，明讲种花，实言心志。古人志行高洁，自己亦当仿效。然而屈原餐菊佩兰是在被楚王放逐以后，而辛弃疾当时还是在职之臣。坚持理想节操固然可以由己决定，但对去留岂能擅自安排。

“沉吟久，怕君恩未许，此意徘徊”，篇末写词人内心的矛盾，十分真实，说明词人是一个心胸坦荡的人，不喜欢把自己的内心想法藏着掖着。“沉吟”和“徘徊”两个刻画心理的词，反映了词人在退隐和用世之间的矛盾心理。一方面词人仍对腐朽朝廷昏庸皇帝存有不切实际的幻想；另一方面，更可以说，这是他始终不忘复国、积极从政、赤诚用世之心的真情流露。

这首词深刻地展示了词人用世和避世思想的矛盾以及由此造成的苦闷心情。全词色彩协调，层次分明，文字简明凝练，寓意境于自然景色之中，笔到处景物皆活，充分体现了辛弃疾“以文为词”的特征。

◎轶闻异物录

四君子之兰

兰称君子，又喻美人，生于幽谷，淑慧而雅淡。兰最令人倾倒之处是“幽”，因其生长在深山野谷，所以能洗净那种绮丽香泽的姿态，以清婉素淡的香气长葆本性之美。这种不以无人而不芳的“幽”，不只是属于林泉隐士的气质，更是一种文化通性，一种“人不知而不愠”的君子风格，一种不求仕途通达，不沽名钓誉，只追求胸中志向的坦荡胸襟，象征着疏远污浊政治、保全自己美好人格的品质。兰花从不取媚于人，也不愿移植于繁华都市，一旦离开清幽净土，则不免为尘垢玷污。因此，兰花只适宜于开在人迹罕至的幽深所在，只适宜于开在诗人们的理想境界中。

清平乐（yuè）·村居

茅檐①低小，溪上青青草。醉里吴音②相媚好③，白发谁家翁媪④（ǎo）?

大儿锄豆⑤溪东，中儿正织⑥鸡笼。最喜小儿亡（wú）赖⑦，溪头卧剥莲蓬。

◎注释

①茅檐：形容用茅草建的房屋的屋檐又低又小。语出杜甫《绝句满兴》：“熟知茅斋绝低小，江上燕子故来频。”

②吴音：指江西上饶一带的方言，这里春秋时代属于吴国，所以称为吴音。吴:《全唐诗》作“蛮”。

③相媚好：指用绵软好听的语言相互逗趣、取乐。

④翁媪：老翁和老妇。媪：古代对年老妇女的尊称。

⑤锄豆：把豆田里的草锄掉。

⑥织：编织，这里指编织鸡笼。

⑦亡赖：指小孩顽皮、淘气。语出《汉书·高帝纪》：“始大人常以臣亡赖，不能治产业，不如仲力。”注云：“江淮之间，谓小儿多诈狡狯为亡赖。”亡：同“无”。

◎译文

虽然茅草小屋的房檐又低又小，可是小屋门前的溪水边却长满了青青的绿草。说话像喝醉了酒似的吴地方言，听起来却是既温柔又友好，那满头白发的老人是谁家的呀，多么的慈祥啊?

看看一家人多么的开心，大儿子在溪东边的豆田里锄草，二儿子正忙着编织鸡笼。最喜爱的小儿子太淘气，正躺在溪头草丛中，剥着莲蓬吃。

◎创作背景

宋孝宗淳熙八年（1181 年），辛弃疾受弹劾，官职被贬，此后在信州（今江西上饶）带湖闲居达二十年之久。理想的破灭，使他在隐居中更加关注农村生活，写下了大量的闲适词和田园词。这首词就是其中之一。

◎赏析

这首词描写了江西上饶地区一个农村家庭的生活情态，表达了诗人对农村和平宁静生活的喜爱。

“茅檐低小，溪上青青草”，开头点明地点，描写了居室周围环境。茅檐、小溪、青草，这本来是农村中司空见惯的东西，然而词人把它们组合在一个画面里，却显得格外清新优美。只用了淡淡的两笔，就勾画出来一幅清新秀丽的画卷，为下文人物的出现做好铺垫。

“醉里吴音相媚好，白发谁家翁媪”，描写满头白发的翁媪。这里采用倒装句法，先闻其声，再出其人。吴侬野语，醉里欢容，谈笑相悦的柔和乡音，饱含着平淡朴素却又亲密无间的夫妻之情，也暗示着单纯恬淡的自给自足之乐。不知“谁家”的“翁媪”，这里设一问句，便觉声情摇曳，意趣平添，暗示着这并不仅仅限于这对翁媪的生活，它概括了农村普遍的老年夫妻的生活乐趣，具有一定的典型意义。

“大儿锄豆溪东，中儿正织鸡笼。最喜小儿亡赖，溪头卧剥莲蓬”，具体描写三个儿子的劳动片段：大儿子担负着溪东豆地里锄草的重担；二儿子年纪尚小，只能做点辅助劳动，所以在家里编织鸡笼；最小的儿子还不懂世事，只知任性地调皮玩耍，偷偷卧在溪边剥莲蓬吃。词人通过这样一系列简单的情节安排，就把一片生机勃勃、和平宁静、朴素安适的农村生活，真实地反映出来，给人一种诗情画意、清新悦目的感觉，这样的构思，巧妙、新颖；这样的色彩，和谐、鲜明，给人留下了难忘的印象。“卧”字用得最妙，它把小儿子躺在溪边剥莲蓬吃的天真、活泼、顽皮的劲儿，和盘托出，跃然纸上，从而使人物形象鲜明，意境耐人寻味。词人这里用了侧笔反衬手法，反映农村生活中一个恬静闲适的侧面，却给读者留下了大幅度的想象补充余地。

这首词以白描手法描述了一家老小的不同面貌和情态，对他们的美好的农家生活描写得有声有色，惟妙惟肖，活灵活现，具有浓厚的生活气息和江西农村的乡土风俗，呈现出一种清新宁馨的风格。

◎轶闻异物录

吴音

吴音，一般指吴地的方言。吴音是吴语的古称之一，也称江南话、江东话、吴越语，周朝至今有三千多年悠久历史，底蕴深厚，通行于今江苏南部、上海、浙江、江西东北部、福建西北部和安徽南部的一部分地区。代表方言为苏州话和上海话。使用人口近一亿，与吴越文化血脉相连。吴地语音最主要特征是保留全部浊音，保留平上去入的平仄音韵，部分地区保留尖团音分化，保留较多古汉语用字用语，文化价值高，语音与唐宋诸韵书高度匹配。

清平乐·检校[1]山园[2]书所见

连[3]云松竹,万事从今足[4]。拄杖东家分社肉[5],白酒[6]床[7]头初熟。

西风[8]梨枣山园，儿童偷把长竿。莫遣旁人[9]惊去，老夫静处闲[10]看。

◎注释

① 检校：这里是巡视游赏的意思。

② 山园：指词人在带湖的住所。

③ 连：连接。

④ 足：足够，满足。

⑤ 分社肉：每年的春社日和秋社日，四邻分享祭祀用的肉。这里应当是秋社日。

⑥ 白酒：这里指田园家酿。

⑦ 床：指糟床，是榨酒工具。

⑧ 西风：指秋风。

⑨ 旁人：这里指家人。

⑩ 看：观察，观看。

◎译文

一望无际的松树竹林与天上的白云相连接，隐居在这里，也该满足了。遇上了秋社的日子，拄着拐杖到主持社日祭神的人家分得了一份祭肉，正好糟床上的那瓮白酒刚刚酿好，可以痛快地喝上一场了。

西风起了，山园里的梨、枣等果实都成熟了。一群小孩手握长长的竹竿，偷偷地扑打着树上的梨和枣。别让家人去惊动了孩子们，就让我在这儿静静地观察他们天真无邪的举动，也是一种乐趣呢。

◎创作背景

宋孝宗淳熙八年（1181 年）冬十一月，辛弃疾由江西安抚使改任两浙西路提点刑狱公事，但随即又因台臣王蔺的弹劾，被免掉了职务，词人不得已回到位于上饶灵山的带湖新居过着退隐的生活。

◎赏析

这是一首乡情词，通过描写安居乐业的农村生活景象，表达了词人对农村安宁生活的喜爱。

“连云松竹，万事从今足”，开篇描写住所周边的自然环境，表达了对这种生活的喜爱之情。首句写景，运用夸张的手法描写松竹的高大，饱含着词人的赞赏之情。这样的描述使人想到的是林木葱青，环境清幽，烘托静谧和谐的氛围，准确地把握住了隐居的特色。如此优美的居住环境、舒适和谐的生活，令词人十分满足。第二句的抒情，表现出词人与世无争的知足思想。这两句统领全篇，确定了全篇的基调。

“拄杖东家分社肉，白酒床头初熟”，从侧面来描写生活的“足”，是对前句的补充。“分社肉”是当时仍存的古风，词人自述这日常生活的悠闲和满足，不仅表现出邻里关系的融洽，也暗示着这里生活的富庶。平实而简洁的叙述，突显出词人隐居时潇洒随和的精神风貌。

“西风梨枣山园，儿童偷把长竿”，描写词人的“所见”。“西风”点明时间是秋天，“梨枣山园”展现出庄园果实累累的景象，透露出词人对丰收的喜悦之情。“儿童偷把长竿”是词人所见的一个场面。“偷”字极有趣味，使人仿佛看到了这群馋嘴的儿童，一边扑打着梨、枣，一边东张西望地提防着被发现，随时准备拔腿逃跑。一个“偷”字，写出了贪嘴孩子的天真童趣和心虚胆怯、唯恐被人发现的神情，表现了词人对天真、可爱的孩子们的喜爱之情。

“莫遣旁人惊去，老夫静处闲看”，这两句是前文动作的延续,反映了词人对顽童的包容之心。“闲”字是在“万事从今足”的心态下，词人觉得这些儿童顽皮、有趣，展现出词人的悠闲，轻快笔调之中，透露出对当前生活的喜悦;“看”字，既有观看之意，又有看护之意，表现出词人对顽童的欣赏和爱护之情。一边是小小顽童，手把长竿偷打梨枣，一边是一位拄杖老者隐身藏影，静处闲看，一老一少，一动一静，传达出悠闲美好的生活情趣，将词人的胸襟气度也表现了出来。

这首词通篇无奇字，无丽句，不用典故，不事雕琢，如同家常语一样，将主人公的形象神情活灵活现地表现出来，实在耐人寻味。

◎轶闻异物录

上饶灵山

上饶灵山风景名胜区横亘于上饶县北部，是道、佛二教圣地，道家书列天下第三十三福地,《信州府志》称之为“信之镇山”，是江南颇具影响的民间宗教名山。早在新石器时期,山就有人类在此生息繁衍。从其古村遗址出土的石斧、石镞、石锛、网坠及数以百计的陶罐陶片证明，早在公元前 20 世纪前后，灵山人就在这片富饶的土地上进行农牧生产活动。从灵山东南麓的煌固乡马鞍山无塘穴形墓出土的青铜器、青釉瓷证明，这一地区在西周时期的农业、手工业生产就具有一定的规模，吴越文化达到一定的水平。上饶籍的达官显宦和客（隐）居上饶的历史名人，如王贞白、韩元吉、辛弃疾、徐元杰、夏言、郑以伟、高明、王庚言、蒋士铨、徐谦等人，为灵山留下了三百多首名篇佳作。

清平乐·题上卢桥[①]

清泉犇(bēn)快[②]。不管青山碍。千里盘盘平世界。更著[③]溪山襟带。

古今陵谷[④]茫茫。市朝[⑤]往往耕桑[⑥]。此地居然形胜[⑦]，似曾小小兴亡。

◎注释

① 上卢桥：桥名，在江西上饶境内。

② 清泉犇快：《全宋词》作“清溪奔快”。

③ 更著：又加上。

④ 陵谷：指很深的山谷。语出《诗经·小雅·十月之交》：“百川沸腾，山冢崒崩。高岸为谷，深谷为陵。”

⑤ 市朝：人口聚集的地方。

⑥ 耕桑：田地。

⑦ 形胜：形容地理形势优越。语出柳永《望海潮·东南形胜》词：“东南形胜，三吴都会，钱塘自古繁华。”

◎译文

清澈的山溪水欢快地奔腾而流，它们一路穿山越岭，克服了青山的重重障碍。这里方圆千里都是一片平原，就坐落在青山与溪流的环抱之中。

纵观古往今来的茫茫天地间，曾经发生过多少次的沧海桑田变迁，昔日繁华兴旺的都市，现在却变成了栽桑种麻的耕田。这个地方的山川地形极不寻常，看来也曾经历过小小的盛衰兴废啊。

◎创作背景

宋孝宗淳熙八年（1181 年）冬，四十二岁的辛弃疾由于王蔺等人的弹劾而被罢官，归居上饶，这首词就作于词人闲居上饶时期。

◎赏析

这首词通过描写上卢桥一带的形势景致，借以生发议论，提醒时人应以国家兴亡为己念。

“清泉犇快。不管青山碍”，词人站在上卢桥上所看到的第一景就是泉水，并将泉水写得生气淋漓，气势非凡。一个“清”字描写出它的清澈，一个“犇快”又写出泉水的湍急之势，这样的描写，写足了泉水的声色形态。接着又以虚笔转出一境，将清泉拟人化，描写了它冲破阻碍、一往无前的精神，以“襟带”为喻，展现山环水绕之美，动静结合使山水更显秀美，也赋予了它一种乐观、倔强的性格。

“千里盘盘平世界。更著溪山襟带”，描绘出上卢桥的地势和景象。“千里”一词突出上卢桥周边环境之广阔。接着“更著”一句又突出回旋曲折、溪山环抱的壮景，将一幅平常的山水画点染得清幽秀美。上片的写景动静交错，生气栩栩，体现了词人对于山水的鉴赏能力。

“古今陵谷茫茫。市朝往往耕桑。此地居然形胜，似曾小小兴亡”，兴叹说理，由对眼前山水的鉴赏，转入对于自然和人事沧桑的思索。词人因上卢桥一带襟山带水、十里平地的地理形势，猜想它也许从当年的城市变迁而来。接着为了证明自己的猜想可靠，先用沧海桑田的观点作引子，作为铺垫来论述自己的观点。在历史的长河中，深谷可变山陵，山陵又可变深谷，地貌不断在迁变；而闹市可变桑田，桑田又可发展为闹市，这些人间兴废既然都有可能，那么，作为形胜的上卢桥一带，有过小小兴亡，自然合情合理。这是先立其大，再言其小，顺势而下，无可怀疑。这样的议论，畅快无碍。

这首词虽是随意点染，却饶有趣味，词人由上卢桥一带的小景联想到自然的沧桑巨变和人事的兴亡交替，抒发了对历史盛衰的感慨，传达出对国家命运的忧思。这“小中见大”的思路，也表明了词人这一时期从大处、从根本处领略人生的情思趋向。

◎轶闻异物录

柳永

柳永（约984—约1053），北宋著名词人，婉约派代表人物，崇安（今福建武夷山）人。柳永原名三变，字景庄，后改名永，字耆卿，因排行第七，又称柳七，宋仁宗朝进士，官至屯田员外郎，故世称柳屯田。

柳永出身官宦世家，少时学习诗词，有功名用世之志，然而却屡屡落第。及至晚年及第，又转官落魄。由于仕途坎坷、生活潦倒，柳永由追求功名转而厌倦官场，沉溺于旖旎繁华的都市生活，以毕生精力作词，并在词中以“白衣卿相”自诩。表面上看，柳永对功名利禄不无鄙视，但骨子里还是忘不了功名，希望走上一条通达于仕途的道路。柳永是矛盾的，他想做一个文人雅士，却永远摆脱不掉对俗世生活和情爱的眷恋和依赖；而醉里眠花柳的时候，却又在时时挂念自己的功名。然而，仕途上的不幸，反而使他的艺术天赋在词的创作领域得到了充分发挥，成为第一位对宋词进行全面革新的词人，也是两宋词坛上创用词调最多的词人。他的词多描绘城市风光和歌伎生活，尤长于抒写羁旅行役之情，语言通俗，音律谐婉，在当时流传极广，人称“凡有井水饮处，皆能歌柳词”，对宋词的发展有重大影响，有《雨霖铃》《八声甘州》等作品传世。

西江月·夜行黄沙道[①]中

明月别枝惊鹊[②]，清风半夜鸣蝉[③]。稻花香里说丰年，听取蛙声一片。

七八个星天外[④]，两三点雨山前。旧时[⑤]茅店[⑥]社林[⑦]边，路转溪桥忽见[⑧]。

◎注释

① 黄沙道：指从今江西省上饶县黄沙岭乡黄沙村的茅店到大屋村的黄沙岭之间约二十公里的乡村道路，南宋时是一条直通上饶古城的比较繁华的官道，东到上饶，西通江西省铅山县。词人闲居带湖期间，常来此处游玩。

② 别枝惊鹊：化用苏轼《次韵蒋颖叔》诗中："明月惊鹊未安枝，一棹飘然影自随"句意。别枝：横斜的树枝。惊鹊：指明亮的月光惊醒了睡在树枝上的喜鹊。

③ 鸣蝉：蝉鸣，蝉的叫声。

④ 星天外：化用唐代诗人卢延让《松寺》诗中"两三条电欲为雨，七八个星犹在天"句意。

⑤ 旧时：以前，往日。

⑥ 茅店：茅草盖顶的乡村小酒店。

⑦ 社林：土地庙附近的树林。社：土地神庙。

⑧ 忽见：忽然出现。见：同"现"，显现，出现。

◎译文

皎洁的月光照耀着斜枝上的鹊儿巢，把鹊儿都惊动了，清凉的晚风吹动着树梢，惊醒了蝉儿，蝉儿也声声相应和了起来。在稻谷的香气里，人们谈论着丰收的年景，耳边传来一阵阵青蛙的叫声，好像它们也在说着丰收景象。

夜空中漂浮着一层淡淡的云，云层外的天际上几颗星星在闪烁，山前也下起了淅淅沥沥的小雨。往日，土地庙附近树林旁的茅屋小店哪里去了？拐了个弯，茅店忽然又出现在眼前。

◎创作背景

宋孝宗淳熙八年（1181 年），辛弃疾因受权臣排挤，被免罢官，回到上饶带湖家居，并在此生活了近十五年，过着投闲置散的退隐生活。在此期间，他虽也有过短暂的出仕经历，但以在上饶居住为多，在此留下了不少词作。这首即词人中年时代经过江西上饶黄沙岭道时所作。

◎赏析

这首词描写了黄沙岭夏夜的山村风光，表达了诗人对丰收之年的喜悦和对农村生活的热爱。

“明月别枝惊鹊，清风半夜鸣蝉”，开篇描写夏夜山道的景色。表面看来，写的是风、月、蝉、鹊这些极其平常的景物，然而经过词人的巧妙组合，平常中就显得不平常了。鹊儿的惊飞不定，不是盘旋在一般树头，而是飞绕在横斜突兀的枝干之上。因为月光明亮，所以鹊儿被惊醒了；而鹊儿惊飞，自然也就会引起“别枝”摇曳。同时，夜间蝉的鸣叫声不同于烈日炎炎下的嘶鸣，当凉风徐徐吹拂时，往往感到特别清幽。“惊鹊”和“鸣蝉”两句动中寓静，把半夜“清风”“明月”下的景色描绘得令人悠然神往。

“稻花香里说丰年，听取蛙声一片”，通过嗅觉和听觉来捕捉夏夜景物特征。词人不仅为夜间黄沙道上的柔和情趣所浸润，更关心扑面而来的漫村遍野的稻花香，稻花飘香的“香”，固然是描绘稻花盛开，也是表达词人心头的甜蜜之感。又由稻花香联想到即将到来的丰年景象，在词人的感觉里，俨然听到群蛙在稻田中齐声喧嚷，争说丰年。此时此地，词人与人民同呼吸的欢乐，尽在言表。先出“说”的内容，再补“声”的来源。以蛙声说丰年，是词人的创造，给人印象鲜明而深刻，表现了词人对农村生活的热爱喜悦之情。

“七八个星天外，两三点雨山前”，运用对仗的手法描写骤雨来临前的情景。在这里，“星”是寥落的疏星，“雨”是轻微的阵雨，这些都是为了与上阕的清幽夜色、恬静气氛和朴野成趣的乡土气息相吻合。天外疏星表示时间是下半夜，山前阵雨对夜行人是一个威胁，这是一个平地波澜，可见夜行人的焦急。有这一波澜，便把收尾两句衬托得更有力。

“旧时茅店社林边，路转溪桥忽见”，描写旧游之地突然出现的场景。这是倒装句，把“忽见”的惊喜表现出来。词人对黄沙道上的路径尽管很熟，可总因为醉心于倾诉丰年在望之乐的一片蛙声中，竟忘却了越过“天外”，迈过“山前”，连早已临近的那个社庙旁树林边的茅店,也都没有察觉。前文“路转”，后文“忽见”,既衬出了词人骤然间看出了分明临近旧屋的欢欣，又表达了他由于沉浸在稻花香中以至忘了道途远近的怡然自得的入迷程度，相得益彰，体现了词人深厚的艺术功底，令人玩味无穷。

全词从视觉、听觉和嗅觉三方面抒写夏夜的山村风光，情景交融，优美如画，恬静自然，生动逼真，是宋词中以农村生活为题材的佳作。从表面上看，这首词的题材内容不过是一些极其平凡的景物，语言没有任何雕饰，没有用一个典故，层次安排也完全是听其自然，平平淡淡。然而，正是在看似平淡之中，却有着词人潜心的构思、淳厚的感情。

◎轶闻异物录

苏轼

苏轼（1037—1101），字子瞻、和仲，号铁冠道人、东坡居士，世称苏东坡、苏仙，眉州眉山（今属四川省眉山市）人，祖籍河北栾城，北宋文学家、书画家，为唐宋八大家之一。

嘉祐二年（1057 年），苏轼进士及第。宋神宗时曾在凤翔、杭州、密州、徐州、湖州等地任职。元丰三年（1080 年），因“乌台诗案”被贬为黄州团练副使。宋哲宗即位后，曾任翰林学士、侍读学士、礼部尚书等职，并出知杭州、颍州、扬州、定州等地，晚年因新党执政被贬惠州、儋州。宋徽宗时获大赦北还，途中于常州病逝。宋高宗时追赠太师，谥号“文忠”。

苏轼是北宋中期的文坛领袖，在诗、词、散文、书、画等方面都有很高的成就。其文纵横恣肆；其诗题材广阔，清新豪健，善用夸张比喻，独具风格，与黄庭坚并称“苏黄”，其词开豪放一派，与辛弃疾同是豪放派代表，并称“苏辛”；其散文著述宏富，豪放自如，与欧阳修并称“欧苏”。苏轼亦善书，为“宋四家”之一；擅长文人画，尤擅墨竹、怪石、枯木等。有《东坡七集》《东坡易传》《东坡乐府》《潇湘竹石图卷》《古木怪石图卷》等作品传世。

水调歌头·盟鸥[①]

带湖吾甚爱，千丈翠奁[②](lián)开。先生[③]杖屦[④](jù)无事，一日走千回。凡我同盟鸥鹭[⑤]，今日既盟之后，来往莫相猜[⑥]。白鹤在何处，尝试与偕来[⑦]。

破青萍，排翠藻，立苍苔。窥鱼[⑧]笑汝痴计[⑨]，不解举吾杯。废沼荒丘畴昔[⑩]，明月清风此夜，人世几欢哀。东岸绿阴少，杨柳更须栽。

◎注释

① 盟鸥：与鸥鸟结盟，约定成好友。

② 翠奁：翠绿色的镜匣。这里是形容带湖水清碧明澈，就像打开翡翠镜匣看到一面镜子一样。

③ 先生：词人的自称。

④ 杖屦：手拄拐杖，脚穿麻鞋。屦：用麻、葛做成的鞋。

⑤ 鹭：鹭鸶，一种水鸟。

⑥ 莫相猜：这里表示与鸥鹭结盟，要互相信任，不要猜疑。语出《左传·僖公九年》："齐侯盟诸侯于葵丘曰：'凡我同盟之人，既盟之后，言归于好。'"

⑦ 偕来：一起来，一块儿来。

⑧ 窥鱼：化用黄庭坚《刘邦直送早没水仙花》"白鹭窥鱼凝不知"诗意。

⑨ 痴计：心计拙笨。

⑩ 废沼荒丘畴昔：倒装句，正读应是"畴昔废沼荒丘"。废沼荒丘：指荒废掉的池沼和小土丘。畴昔：以前，过去的意思。

◎译文

带湖是我最爱的地方，放眼望去，那千丈宽的湖面如同翡翠匣子里的镜子，一片晶莹清澈。我闲居无事，手扶竹杖，脚穿麻鞋，徜徉在这美丽的湖畔，一日里竟然千百次绕湖徘徊。鸥鸟啊，你既和我缔结盟好，以后就应常来常往，不要再相互疑猜。还有那白鹤，它在什么地方呢？请你也邀请它一起来吧。

美丽的鸥鸟们时而立于水边苍苔之上，时而拨动浮萍，时而排开绿藻，原来是在偷窥鱼儿，伺机而捕。可笑的是你这只鸥鸟只知痴痴地盯住游鱼，却不懂我此时举杯的情怀。昔日这里是破败的池沼，荒芜的山丘，今夜已是月色皎洁，清风徐来。人世间有几度欢乐，几度悲哀？河东岸的绿荫尚嫌稀少，还须把杨柳多栽一些。

◎创作背景

这首词作于宋孝宗淳熙九年（1182 年），上年冬末，四十三岁的词人，正是年富力强，应当大有作为的时候，却被南宋政权罢官，回到刚落成不久的信州上饶郡带湖新居，开始了漫长的归田生活。这首词即作于词人罢官归家不久。

◎赏析

这首词通过描写带湖的优美景色和闲适之情，实际抒发了词人落职闲居、壮志难酬的孤独、苦闷和悲愤之情。

“带湖吾甚爱，千丈翠奁开”，开篇赞美带湖景色之胜，表达了对带湖生活的热爱。词人直抒胸臆，用“甚爱”统摄全词，足见诗人对带湖感情的深厚。第二句运用比喻和夸张的手法写出了带湖开阔、清澈、平静的特点，也解释了为何“甚爱”带湖。开篇突兀而起，一下子把感情推到高处，为后文的描写奠定了情感基础。

“先生杖屦无事，一日走千回”，用夸张写法来说明“甚爱”程度。“先生”即词人自己，面对如此美景，词人自然很舒心惬意，即使拄着拐杖也要“走千回”，这种夸张的修辞形象地表达了词人“甚爱”程度之深。

“凡我同盟鸥鹭，今日既盟之后，来往莫相猜”，运用拟人的手法描写对眼前鸥鸟的希望。因爱湖之“甚”,而及湖中之鸟，欲与之结盟。这里的“相”虽然关系双方，但实际只表明词人绝无害鸟之心，希望鸥鹭尽情栖游，无须担惊。这里不但照应了词题，也表现出词人对自然的喜爱之情。

“白鹤在何处，尝试与偕来”，这两句承上而来，是写对眼前鸥鸟的叮嘱。由爱所见之鸥鹭，而兼及未见之白鹤，其“爱”更进一层。这里不仅表现出词人对鸥鹭、白鹤的喜爱，更表现了词人寄情自然山水。至此，词人极写带湖之美及对带湖之爱，表露了词人摆脱官场尔虞我诈的烦恼和明枪暗箭的惊恐以后的心情之宁静，但在这宁静之中又透露出几分孤寂与无聊。一个“壮岁旌旗拥万夫”的沙场将帅，竟然落得终日与鸥鸟为伍，其心境之凄凉，可想而知。然而词中却未见一个“愁”字，全用轻松之笔，如此表达，意境更深一层。

“破青萍，排翠藻，立苍苔。窥鱼笑汝痴计，不解举吾杯”，过片紧承上阕遐想,描写了鸥鸟的真实意愿。“破”“排”和“立”三个动词，把鸥鸟自由自在的动作和情态表现得淋漓尽致。词人一片赤诚，欲与鸥鸟结盟为友，然而鸥鸟对词人的美意不理不睬，它们只是专心“窥鱼”，伺机而捕。如此看来，鸥鸟亦非词人知己，并不懂得词人离开官场之后的情怀，对此，词人只能付之一“笑”。这“笑”，既是对鸥鸟的讽笑，也是叹自己竟无友的苦笑，所以他怅然发出了“不解举吾怀”之叹。盟友纵在身旁，孤寂之心依旧，无人能释分毫。

“废沼荒丘畴昔，明月清风此夜，人世几欢哀”，描写出带湖的今昔变化。词人并没有被愁所压倒，在时世的变迁中，似乎悟出了社会沧桑和个人沉浮的哲理。词人本来心情郁闷，却故作看破红尘、世态炎凉，变得益发旷达开朗，因而对隐居之所带湖也更加喜爱了。

“东岸绿阴少，杨柳更须栽”，这两句表达了词人长久居住带湖的心愿。把眼前这片庭院整治好，再多栽植些柳条，让往日荒凉的地方兴旺起来。尽管词人此时的心情还是痛苦的，充满矛盾的，但仍对生活充满热爱，仍对生活寄托着无限深情。词到此处完篇，对开首恰成回应。

这首词情景相生，情蕴其中，意蕴深刻。语言生动形象，言外之意明显，运用多种修辞手法，增强了词作的想象性和含蓄性。表面是写优游之趣，实际抒发了被迫隐居、不能用世的落寞之叹，孤愤之慨。

◎轶闻异物录

鸥

鸥属鸥科动物，形色像白鸽或小白鸡，性凶猛，长腿长嘴，脚趾间有蹼，善游水。喜成群飞翔，三月份产卵。生活在海边的称海鸥，生活在湖边或江边的称江鸥。又有一种鸥，它随海潮的涨落而来去，人们称为“信鸥”。鸥的体长达四十厘米，头和颈为深褐色，后部转为黑褐色；眼周有白色羽圈；下背、肩、腰及两翅和内侧覆羽和次级飞羽均为珠灰色，飞羽先端近白。上背、外侧大覆羽和初级覆羽均为白色。第一枚初级飞羽白色，内外翈边缘及先端黑色，第二至五枚飞羽的黑色外缘逐渐减少，内翈转为深灰色，内缘及羽端仍为黑色；第六枚飞羽深灰色，仍具黑色近端斑，羽斑白色；其余初级飞羽为纯灰色。尾上覆羽，尾羽皆为白色。下体全为白色，胸、腹略淡灰色。虹膜暗褐色；嘴赤红色，先端黑色；脚和趾赤红色，冬时转为橙黄色；爪为凹蹼，足是黑色。它们栖息于沿海及内陆湖泊、河流，成群活动。善游泳，不能潜水。以鱼、虾、水生昆虫、软体动物等为食。

丑奴儿·书博山①道中壁

少年②不识③愁滋味，爱上层楼④。爱上层楼，为赋新词强（qiǎng）说愁⑤。

而今识尽⑥愁滋味，欲说还（huán）休。欲说还休，却道“天凉好个秋”！

◎注释

①博山：博山岭，在今江西省广丰区西南，古名通元峰，其形似庐山香炉峰。辛弃疾罢职退居上饶时，常过博山。

②少年：年轻的时候。

③不识：不懂，不知道的意思。

④层楼：高楼。

⑤强说愁：意思是为了写出新的词，自己本来就没有什么愁而硬要说自己有愁。强：勉强地，竭力、极力。

⑥识尽：尝遍，深深懂得。

◎译文

自己年少的时候其实是不知道忧愁是什么滋味的，却喜欢经常登高远望。登高远望的目的，是为写出一首新的好词，非得说自己有很多愁。

现在的我尝尽了人间忧愁的滋味，却不想说出来了。可是不说吧，心里又憋屈得难受，就只好说：好一个凉爽的秋天啊！

◎创作背景

宋孝宗淳熙八年（1181 年）至宋光宗绍熙三年（1192 年），辛弃疾被弹劾去职、闲居带湖，在此期间他常到博山游览，博山风景优美，

他却无心赏玩。眼看国事日非，自己无能为力，一腔愁绪无法排遣，于是在博山道的一座石壁上题写了这首词。

◎赏析

这首词通过词人“少年”时与“而今”的心情对比，表现了词人受压抑、遭排挤、报国无门的痛苦心情，也表达了他对南宋朝廷的讽刺与不满。

“少年不识愁滋味，爱上层楼。爱上层楼，为赋新词强说愁”，回忆少年时的自己，描绘少年涉世未深却故作深沉的情态。词人年少时生活在中原沦陷区，不仅亲历了人民的苦难，亲见了金人的凶残，同时也深受北方人民英勇抗金斗争精神的鼓舞。他不仅有抗金复国的胆识和才略，而且始终认为可以赶走侵略的金人。年少不谙世事、乐观自信的词人，根本不懂得“愁滋味”，但为了效仿前人，抒发闲“愁”，所以“爱上层楼”，是无愁找愁。词人在这里连用两个“爱上层楼”，这一叠句的运用避开了一般的泛泛描述，起到承上启下的作用。第一个“爱上层楼”与首句形成因果关系，第二个又与第四句形成因果关系，不懂愁，所以爱登高楼，因为登高楼而又触发了诗兴，这一叠句将两个不同的层次联系起来，将“不知愁”这一思想表达得十分完整，生动地写出了词人年少时纯真幼稚的感情。

“而今识尽愁滋味，欲说还休。欲说还休，却道‘天凉好个秋’”，描写如今的词人，满腹愁苦却无处倾诉的抑郁之情。“识尽愁滋味”概括了词人半生的经历，词人归南宋三十年来，积极抗金，献谋献策，力主恢复中原，却深受投降派的迫害、打击。“尽”字饱含了词人内心复杂的感受，非常有概括力，使整篇词在思想感情上有了重大转折。“愁”长久郁结在心头，这不是个人的离愁别绪，而是忧国伤时之愁，是怀才不遇报国无门之愁，词人很想与人倾诉，求得别人的同情和支持，然而朝廷昏庸黑暗，投降派把持政权，抒发这种忧愁是犯大忌的，因而不能说，说了也于事无补，不如不说，只能顾左右而言他，说一句“天凉好个秋”。这里也采用叠句形式，在结构用法上与上片相互呼应，渲染了有苦无处诉的气氛，深刻地表现了词人痛苦矛盾的心情，悲愤愁苦溢于言表。

全词采用对比的手法，以昔衬今，以有写无，以无写有，突出渲染一个“愁”字，并以此作为贯串全篇的线索，构思精巧，感情真率而又委婉，言浅意深，令人回味无穷。语言平易浅近，却饱含了词人内心深沉、忧郁、激愤的感情，突出了辛词意境阔大、内容含量丰富的特色。

◎轶闻异物录

李清照

李清照（1084—约1155），宋代女词人，婉约词派代表，有“千古第一才女”之称，号易安居士。

李清照生于书香门第，早期生活优裕。其父李格非，进士出身，苏轼的学生，藏书甚富，其母亲是状元王拱宸的孙女，很有文学修养，所以她从小就在良好的家庭环境中打下文学基础。后嫁与赵明诚，夫妻二人致力于书画金石的搜集整理。金兵入据中原时，流离南方，境遇孤苦。李清照不但有高深的文学修养，而且有大胆的创造精神。她的创作内容因她在北宋和南宋时期生活的变化而呈现出不同的特点。前期主要写闺中生活，题材集中于写自然风光和离别相思，如《如梦令》《一剪梅》《醉花阴》等。后期主要是抒发伤时念旧和怀乡悼亡情感，表达自己在孤独生活中的浓重哀愁，如《蝶恋花》《永遇乐》《声声慢》等。

李清照作为中国古代文学史上少有的女作家，其作品中所体现的爱国思想，具有积极的社会意义，在众多爱国作家中为女性争得了一席之地。

丑奴儿·博山[1]道中效李易安体[2]

千峰云起，骤雨一霎儿价[3]。更远树斜阳，风景怎生[4]图画。青旗[5]卖酒，山那畔[6]、别有人家，只消山水光中，无事过这一夏。

午醉醒时，松窗竹户，万千潇洒[7]。野鸟飞来，又是一般闲暇。却怪白鸥，觑着人、欲下未下。旧盟[8]都在，新来莫是，别有说话。

◎注释

①博山：在今江西省广丰区西南。辛弃疾罢职退居上饶时，常过博山。

②效李易安体：模仿李易安的写法。李易安：李清照，号易安居士，北宋末南宋初人，是辛弃疾的同乡。李清照是著名文学家李格非之女，宰相赵挺之的儿子赵明诚的妻子。

③一霎儿价：一瞬间，形容速度极快。

④怎生：怎样，怎么。

⑤青旗：酒家门口悬挂的布招牌。

⑥山那畔：山那边。

⑦潇洒：从容大方，态度悠闲。

⑧旧盟：这里指诗人过去和鸥鸟结成朋友的盟约。见《水调歌头·盟鸥》："凡我同盟鸥鹭，今日既盟之后，来往莫相猜。"

◎译文

厚厚的乌云笼罩着群山，倾盆大雨瞬间下了起来，但马上雨又停了。雨过天晴，远处的斜阳照在翠绿的树枝上，风景更加美丽动人，不知画家们是如何描绘的？酒店的门上挂着卖酒的青旗，可想而知，在山的那边，还有人家居住。只要能在这风光迷人的地方过一个夏天，无人来打扰的安静的夏天，就很幸福了。

中午喝多了，醉酒后睡了一个午觉，醒来时看到窗外的苍松翠竹，郁郁葱葱，多么清幽闲淡，心神十分舒畅。野鸟飞来飞去，和我一样的自由自在。让我奇怪的是，洁白的鸥鹭在天空往下斜看着，想要下来但又不下来。我和你们过去订的盟约还在，我是遵守盟规的，你们这次飞来是不是有什么别的想法要告诉我呀？

◎创作背景

这是一首写景词，并且注明“效李易安体”，就是用白描的手法，通俗的语言，描写博山道中景色。

宋孝宗淳熙八年（1181 年），词人被劾罢官，次年在江西上饶地区的带湖卜筑闲居，直至宋光宗绍熙三年（1192 年）再度起用为止，期间长达十年。这首词正是这期间所作，与《丑奴儿·书博山道中壁》属同时期作品。

◎赏析

这首词通过描写博山道中美丽的夏日景色，抒发了词人被罢官闲居时的悠闲心情，但同时也是对南宋朝廷的一种讽刺。

“千峰云起，骤雨一霎儿价”，描写道中突遇暴雨的情景。“一霎儿价”这一词特别生动形象，使我们仿佛亲眼看到了这场暴风雨。夏天的雨来得迅猛，去得也利落。所以“一霎儿价”包含着两层意思，一是突然下雨，二是突然停止，非常符合季节特点。

“更远树斜阳，风景怎生图画”，描写雨后的美景。经过暴雨的洗礼，山中的环境更显得清新爽朗，娇丽多姿，但词人不正面说风景如何美，却说这风景怎样才能用图画画下来？画一般是人们看过的风景中，留在脑海里最美的一幅图画，词人从侧面描写这极美的景色，可谓构思巧妙。“怎生”二字是李清照爱用的词汇，如她的《声声慢》中就有“守着窗儿，独自怎生得黑”的句子。同时用“怎生”二字反问，意思是说这里的风景是任何图画都画不出来的，把景色之美推向了极致。

“青旗卖酒，山那畔、别有人家”，这两句点出词人的去处。这里就像一个特写镜头，在幽美的青山边，有一个挂着青色酒旗招揽客人的酒家，有了人家，特别是有了酒家，使词人对这青山有了更深的感情。“卖酒”二字不但是写景，也为下片的“醉”埋下了伏笔。

“只消山水光中，无事过这一夏”，表达词人对山中景色的留恋。这里用议论的笔调写出词人内心的思想与期望，景色如此优美，词人只想在山色水光中度过这个清闲的夏天，但其中又流露出一种想得到却得不到的无可奈何的心绪。

“午醉醒时，松窗竹户，万千潇洒”，写酒家周围的环境。“午醉”承接上片“卖酒”，同“青旗”相呼应，“松窗竹户”是酒家的景致。词人酒醉之后，在这里美美地睡了一觉，醒来只见窗外松竹环绕，气度潇洒脱俗，十分幽雅，与上阕在时间上形成跳跃，由“午醉”加以过渡，从而增强了上下两阕的紧密联系。

“野鸟飞来，又是一般闲暇”，继续描写酒醒之后所见之物。门窗外的景色清新怡人，突然有一只鸟儿飞过，似乎要和词人做伴，它悠闲的样子又和词人一般，词人运用传统的动中取静的写法，唯其动而愈见静，把酒家的环境写得十分幽静，但正是通过这“静”反衬出他心中的不平静。

“却怪白鸥，觑着人、欲下未下”，由飞鸟想到自己的盟鸥。由景入情，写得十分自然。词人初到带湖时就与鸥鹭结下盟约，约定互不猜测，亲密到底，那为何现在鸥鹭欲下不下，若即若离？显然是对自己有了猜疑。词人用了“鸥盟”的典故，意在表明自己决心归隐，永与鸥鹭为伴。

“旧盟都在，新来莫是，别有说话”，继续追问鸥鹭，显得十分幽默，同时也表现出词人的襟怀，流露出他孤独寂寞的况味，而这种以和鸟儿调侃打趣的诙谐口吻束住全词，显得空灵淡雅，余韵悠长。

全词节奏轻柔舒缓，采用白描手法，描写了博山道中见到的难以图画的湖光山色和词人热爱山水的情态，且语言风趣流畅，笔调恬淡清新，形象鲜明生动，是辛词中别具一格的好词。

◎轶闻异物录

李格非

李格非（约 1045—约 1105），字文叔，齐州章丘（今山东省济南市章丘区）人，北宋文学家，苏轼之门生，女词人李清照之父。

李清照在《上枢密韩公诗二首》诗序中称“父祖皆出韩公门下”，可知其父祖辈皆为“蚤有盛名，识量英伟”（见《宋史·韩琦传》）的学士韩琦的门下士。

李格非幼时聪敏警俊，刻意于经学，著《礼记说》数十万言。他还研究过历史，写过《史传辨志》。因为他的文笔优美，宋朝人曾誉美说：“李格非之文，自太史公之后，一人而已。”把他和司马迁并提，虽说有点夸张，但也说明他的史识、史笔都是值得称赞的。

宋神宗熙宁九年（1076 年），李格非中进士，初任冀州（今河北冀县）司户参军、试学官，后为郓州（今山东东平）教授。宋代有兼职兼薪制度，郡守见他清贫，欲让他兼任其他官职，他断然谢绝，表现了廉洁清正的气节。

鹧鸪天·陌上[1]柔桑破[2]嫩芽

陌上柔桑破嫩芽，东邻蚕种已生些[3]（sā）。平冈[4]细草[5]鸣黄犊[6]，斜日寒林点暮鸦[7]。

山远近[8]，路横斜[9]，青旗[10]沽（gū）酒有人家。城中桃李愁风雨，春在溪头荠（jì）菜花[11]。

◎注释

①陌上：乡间的小路上。

②柔桑破：《全宋词》作“柔条破”。破：冒出，长出。

③已生些：指已经孵出了小蚕。些：句末语助词，无具体意义。

④平冈：平坦的小山坡。

⑤细草：春天柔嫩的小草。

⑥鸣黄犊：指小黄牛在鸣叫。犊：出生不久的小牛。

⑦暮鸦：傍晚归巢的乌鸦。

⑧山远近：形容远处近处都有山，山连山，岭连岭，绵延不断。

⑨路横斜：形容山间的道路随着山势弯弯曲曲，纵横交错的样子。

⑩青旗：酒家门口悬挂的青布招牌，用来招揽顾客。

⑪荠菜花：《全宋词》作“野荠花”。荠菜：一种野菜，二年生草本植物，茎叶嫩时可以吃。

◎译文

乡野小路边的桑树长出了柔软的枝条，嫩嫩的小叶芽也刚刚绽放。东面邻居家养的蚕种已经有一些蜕变成了蚕儿。一脉平缓的山坡上，小黄牛犊儿在柔嫩的小草中鸣叫，落日斜照在枯寒的树林中，树枝间有一只休息着的乌鸦。

这里远远近近到处都是山，连绵不绝，山路曲曲折折，纵横交错，青布酒旗那边有家小酒铺，可以打一些酒来。城里的桃花、李花把风雨当作折磨，一派愁苦，而最明媚的春色，正在溪头一片荠菜花中盛开。

◎创作背景

宋孝宗淳熙八年（1181年）冬，辛弃疾遭遇弹劾，隐居上饶带湖。词题是“代人赋”，表明集会时某人不善诗词，请词人代作。若按所赋的内容，则此篇所写，应当是“春日即事”或“乡间所见”，为词人寓居带湖期间的作品。随着退闲时间的推移，词人对农村的观察体验和对农村生活的热爱也在逐步加深，已经习惯了乡居生活的恬淡，渐渐把自己融入淳朴的农民人群之中，同时更加感到城市生活特别是官场生涯的纷扰和嚣乱。这首词即在这样的背景下写成的。

◎赏析

这首词通过歌咏江南农村的美好景色，反映了词人厌弃城市繁华、热爱乡野生活的情趣。

“陌上柔桑破嫩芽，东邻蚕种已生些”，描写桑树抽芽、蚕卵开始孵化的场景。“破”字十分传神地写出了桑叶在春风的催动下，逐渐萌发、膨胀，终于撑破了原来包在桑芽上的透明薄膜。这一“破”字不仅有动态，更让人直观地感到桑芽萌发的力量和速度。

“平冈细草鸣黄犊，斜日寒林点暮鸦”，描写悠然吃草的牛犊和斜日林中的归鸦。黄犊在牛栏里关了一冬，当放牧在平坡上时乍见春草，自然欢快无比。“鸣”虽写声音，却可以让人想见黄犊吃草时的悠闲神态。“斜日”“寒林”与“暮鸦”构成一片衰败景象，但由于用了一个动词“点”，却使情调发生了变化。“点”状乌鸦或飞或栖，有如一团墨点，这是确切的写实，早春的寒林没有树叶，所以黑色的乌鸦，在林中历历可见。词人像是在欣赏一幅天然的图画。

“山远近，路横斜，青旗沽酒有人家”，描写远处的乡村酒家。这里的写景不同于上半片，这里是有波澜的。首先它是推远一层看，由平冈看到远山，看到横斜的路所通到的酒店，还由乡村推远到城里。第二句看来很平常，全词都在写自然风景，只有这句才写到人的活动，这样就打破了一味写景的单调。这是写景诗的一个诀窍，尽管都是在写景，却不能一味渲染景致，必须加入一些人的情调，有人的活动，诗才显得有生气。

“城中桃李愁风雨，春在溪头荠菜花”，全词的画龙点睛之句，既是写景又是议论，决定了全词的情调。除去最后两句，这首词的情调是很清新愉快的。但词人是一位忠义之士，处在南宋偏安杭州，北方金兵掳去了宋徽宗、宋钦宗二帝，仍在节节进逼的情势之下，他想图恢复，而南宋朝中大半是些昏聩无能、苟且偷安者，这叫他一筹莫展，心里十分痛恨。正是这种心情成了他所创作的许多词的基本情调。这首词实际上是愁苦之音。“斜日寒林点暮鸦”一句已透露了一点消息，到了“桃李愁风雨”便把大好锦绣河山竟然如此残缺不全的感慨完全表现出来了。但是沉痛不等于失望，“春在溪头荠菜花”可以见出词人对南宋偏安局面还寄托很大的希望。这希望是由词人在村中看到的劳动人民从事农桑的景象所引起的。

这首词运用反衬手法，从愉快的景象说起，转到悲苦的心境，这样互相衬托，悲苦就更显得悲苦，描写的每种意象虽是山林田野寻常可见的，词人却从不同的视角描绘了乡村春意盎然的景象，看上去好像是随意下笔，却自然融合成一幅主次分明、远近有致、动静相生、有声有色、情致盎然、意蕴深厚的田园早春图，富有美感，具有很强的艺术感染力，很容易引起读者心中的共鸣。

◎轶闻异物录

带湖

湖名，在今江西省上饶市城外，原为一狭长的无名天然湖泊，辛弃疾落职罢官隐居在此后，因其“枕澄湖如宝带”而命之曰“带湖”。

带湖水源从现今的黄沙塘流来，流向现今的解放河，当年流经地势较为平坦处，储积为狭长的湖面。宋孝宗淳熙八年（1181 年）春，辛弃疾“高处建舍，低处辟田”，建带湖新居，时任隆兴（南昌）知府兼江西安抚使。辛弃疾根据“人生在勤，当以力田为先”的理念，把带湖新居取名为“稼轩”，从此自号“稼轩居士”，词集为稼轩长短句。从宋孝宗淳熙八年至宋宁宗庆元二年（1181—1196）辛弃疾隐居于此，写下数百首脍炙人口的不朽词作。

带湖庄园的遗址后曾建稼轩书院，沧海桑田，昔日的带湖今已不存，成为上饶市繁华的市区。但是由于辛弃疾的存在，带湖永远留在了历史的记忆中。

浪淘沙·山寺夜半闻钟

身世[①]酒杯[②]中，万事皆空。古来三五个英雄。雨打风吹何处是，汉殿[③]秦宫[④]。

梦入少年丛，歌舞[⑤]匆匆。老僧夜半误鸣钟[⑥]。惊起西窗[⑦]眠不得，卷地[⑧]西风。

◎注释

①身世：平生。

②酒杯：这里代指借酒浇愁。

③汉殿：代指汉代刘邦的宫阙。

④秦宫：代指秦朝秦始皇的宫阙。

⑤歌舞：歌曲舞蹈。

⑥误鸣钟：未鸣钟，没有鸣钟。

⑦西窗：这里代指抱负。

⑧卷地：贴着地面向前猛进的意思，这里代指身世凄凉。

◎译文

我的日子整天都在借酒浇愁中度过，这一生的努力都因未能改变国家的败局而全部成空。古往今来的英雄们本就不多，也都因时间的流逝而淹没，再找不到像刘邦、秦始皇那样的英雄了。

回想起年少时的种种英雄梦，如今都像一场歌舞晚会一样，匆匆结束了。让人直想遁入空门，做一个隐逸之士，却又担心自己耽误了寺院里夜半敲击禅钟。如今我是夜夜担心自己忘记了抗金的志向，想好好地睡一觉都睡不着啊！梦想无处可托，只能醉卧西窗下。

◎创作背景

南宋淳熙八年至南宋嘉泰三年（1181—1203）间，词人闲居带湖、瓢泉，这期间除南宋绍熙三年至绍熙五年（1192—1194）被起用为福建安抚使外，一直赋闲在家。此时词人的心情十分矛盾，空有报国之志却报国无门，内心是抑郁不平的，加上时间又悠闲有余，所以这一时期是词人创作的鼎盛时期。这首词就是在这时期创作的。

◎赏析

这是一首由夜半闻寺钟所触发的感慨之作，抒发了词人身世家国的深沉悲叹之情。

"身世酒杯中，万事皆空"，开头直接抒发对自己坎坷身世的感慨，其实词人的感慨是早就郁积满胸的，"闻钟"仅仅是触发感情的偶然事件。"万事皆空"用的虽是佛家语，却与佛家的"四大皆空"意思不同，这里是夸张地表现词人对现实社会的失望情绪而已。万事不如意，只好借酒浇愁，这个开头奠定了整首词深沉、悲凉的格调。

"古来三五个英雄。雨打风吹何处是，汉殿秦宫"，具体写出自己的感慨，是叹息英雄不再。"雨打风吹"原指花木遭受风雨摧残，这里比喻恶势力对弱小者的迫害，也比喻严峻的考验，表达词人舍身报国决心的坚持，从慨叹个人身世转到议论国家、历史大事，既是悲叹前朝的陵迁谷变，也暗含对北宋灭亡的悼念。"汉殿秦宫"古往今来的英雄们，被时间的流逝淹没，但是心中的宏大梦想却不曾忘却，字里行间体现的词人为国家舍身立命而不达的情怀更加让人感慨。

"梦入少年丛，歌舞匆匆。老僧夜半误鸣钟"，这里又回到题面上来，写独宿山寺的情景。虽然现实处境很悲观，但词人丝毫没有忘记国家大事，时刻想着的还是报效国家，所以梦中回到少年时代，这里表达了他慷慨激昂的爱国情怀，反映出忧国忧民的壮志豪情和以身报国的高尚理想。然而现实残酷，美梦被半夜钟声惊醒，醒来之后发现一切还是原样，还是一切皆空，这就与开头的“万事皆空”暗中呼应，使得全篇意脉贯穿。

“惊起西窗眠不得，卷地西风”，描写梦醒之后的处境。夜半惊醒后只有西风呜咽，词人的处境如此凄凉与寂寞，加重了全篇的悲剧氛围。“西风”一语双关，既指夜半的寒风，又暗指当时的黑暗势力，“卷地”一词则突出了黑暗势力的强大，表达了词人无可奈何的绝望之情。

这首词风格沉郁悲凉，描写的是人到中年，有些栖栖惶惶心态，但又不愿趋炎附势，看似低姿态，实则是词人高洁品性的表现。艺术手法的高明之处在于联想与造境上。丰富的联想与跌宕起伏的笔法相结合，使跳跃性的结构显得整齐严密，笔触由此及彼，由近及远，由反而正；感情也恰似江上的波涛大起大落，通篇蕴含着开阖顿挫、腾挪跌宕的气势，可谓词中佳作。

◎轶闻异物录

秦始皇

秦始皇（前259—前210），名嬴政，又名赵正（政）、秦政，秦庄襄王之子。中国历史上著名的政治家、战略家、改革家，是首次完成华夏大一统的铁腕政治人物，也是中国第一个称皇帝的君主。

秦始皇出生于赵国都城邯郸（今邯郸），并在此度过了少年时期，后回到秦国。他十三岁时即王位，三十九岁时完成了统一大业，建立起一个以汉族为主体统一的中央集权的强大国家——秦朝，并奠定了中国本土的疆域。秦始皇在中央实行三公九卿，管理国家大事；地方上废除分封制，代以郡县制；同时书同文，车同轨，统一货币；对外北击匈奴，南征百越；修筑万里长城，修筑灵渠，沟通水系。但是到了后期，秦始皇求仙梦想长生，苛政虐民，扼杀民智，动摇了秦朝统治的根基，秦朝仅仅延续了十五年。但秦始皇确立的统治模式却一直延续了下去。秦始皇是中国两千余年中央集权封建帝制的主要设计者，影响之深广，为任何其他帝王所难以相比。在世界历史上，开创一个庞大帝国的帝王还有很多，但他们的实际影响却无法同秦始皇相比。秦始皇是一位叱咤风云富有传奇色彩的划时代人物，对中国和世界历史产生深远影响，被明代思想家李贽誉为“千古一帝”。

临江仙·探梅

老去[①]惜花心已懒[②]，爱梅犹绕江村。一枝先破[③]玉溪[④]春。更无花态度[⑤]，全有雪精神[⑥]。

剩向[⑦]空山餐秀色[⑧]，为渠[⑨]著句清新[⑩]。竹根流水带溪云。醉中浑[⑪]不记，归路月黄昏。

◎注释

①老去：表示人渐趋衰老。

②心已懒：情意已减退。

③一枝先破：梅花最先绽放。一枝：这里特指梅花。破：这里是绽放的意思。

④玉溪：水名，即江西信江，信江在玉山县境内叫玉溪。

⑤花态度：这里指花的柔媚之态。态度：姿态。

⑥雪精神：这里指像雪一样高洁的精神。

⑦剩向：尽向。

⑧餐秀色：秀色可餐，本指女子容貌姣美，这里是形容山川秀丽。

⑨渠：方言他的意思，这里指梅。

⑩著句清新：写清新的词句。

⑪浑：全然，全部的意思。

◎译文

人老了，爱惜花木的心思大不如从前了，但我对梅花的喜爱却一点都没有减少，为了早一点看到梅花开放，我还要绕着江村去寻找，终于看到玉溪边上一枝先报春的梅花。看看梅花，她们一点儿都没有其他花儿柔媚娇艳的姿态，只有洁白雅淡的白雪精神。

欣赏青山绿水的美丽景色是我闲暇时最大的乐趣，好像看到这寂静山林美景，我就像饱餐了一顿，只要为梅花写出清新的好词句，饿一点又算啥。竹林下的流水带走了溪边的云彩。沉醉中全然记不得回家的路了，回来时明月高挂，天已黄昏。

◎创作背景

宋孝宗淳熙九年（1182 年）至宋光宗绍熙三年（1192 年），词人落职闲居于江西上绕北灵山下的带湖。据邓广铭先生考证，这首词就作于此时。

◎赏析

这是一首咏梅词，词人通过描写梅在冰雪严寒中的风骨和姿态，赞赏了梅花的高尚品格，表达了词人对梅的喜爱和自己像梅花一样傲霜斗雪的品性。

“老去惜花心已懒，爱梅犹绕江村”，开篇表明对梅花的喜爱。“犹”与“已”字相对，突出了梅花与其他花卉的不同，随着年岁的增长，词人赏花的意愿已不强烈，唯独对梅花念念不忘，还要不辞辛苦地去寻找，突出了词人对梅花的钟情。

“一枝先破玉溪春。更无花态度，全有雪精神”，描写眼前所看到的梅花。“破”字用得巧妙，一枝早绽的梅花点破了春色闭锁的局面，预示了春天的来临，化静为动，生动形象地写出了梅花初绽的盎然生机，表达了词人对梅花的赞美之情。“花态度”和“雪精神”代表着梅花与一般花卉，有着象征意义，象征着庸人与志士，词人在这里表达了对梅花高洁品质的赞赏。

“剩向空山餐秀色，为渠著句清新”，直抒对梅花的喜爱之情。这里引用晋陆机的“鲜肤一向润，秀色若可餐”和杜甫的“绝代有佳人，幽居在空谷”，来赞美梅花比佳人秀色更可爱，为梅花写下清新的诗句，字里行间透露着词人对梅花的赞赏。

“竹根流水带溪云。醉中浑不记，归路月黄昏”，结尾描写梅花的生长环境和词人的忘我之情。水从竹根流过，溪水缠绵似云。在这里词人借景抒情，通过对梅花生长环境的描写，侧面烘托了梅花的冰清玉洁，进而表达了对梅花的喜爱之情。词人陶醉于赏梅，浑然忘记了时间，归来时已天色昏暗，忘情忘怀的境界悄然而出。

这既是一首咏梅词，也是一首记游词。词人乘兴而来，踏月而归，一日清赏，可抵十年尘梦，其最大的艺术特色是不取常径，只运用对照、比喻、暗示等手法，把梅花的绝尘之美与词人的无比钟爱之情融在一起，使梅花成为词人内心情怀的映照和精神品格的象征。

◎**轶闻异物录**

梅花的象征意义

梅花是中国十大名花之首，与兰花、竹子、菊花一起列为四君子，与松、竹并称为“岁寒三友”。在中国传统文化中，梅有着不同的象征意义。

象征着吉祥，传说它的花朵有五瓣，分别代表了长寿、顺利、和平、快乐和幸运，所以看到它开花，是大吉大利的象征。

象征着勇敢，是一年中最早开花的花卉之一，“寒梅傲雪”一词描述了它不畏地冻天寒，敢于绽放在百花之前的场景。

象征着高洁，是古代隐者的象征，因为它不与百花争艳，只是独自在寒风中绽放着属于自己的美。这是一种无争的君子精神，代表了它高洁的品格。正因人们欣赏它这种高洁淡雅的品格，希望有更多的人向它学习，所以将它奉为花中四君子之首。

一剪梅·中秋元月

忆对中秋丹桂[①]丛。花也杯中，月也杯中[②]。今宵楼上一尊[③]同。云湿纱窗，雨湿纱窗。

浑欲[④]乘风问化工[⑤]。路也难通，信也难通。满堂唯有烛花红。杯且从容[⑥]，歌且从容。

◎注释

① 丹桂：本是桂花的一个品种，这里既指桂花，也代指月亮，一语双意。

② 花也杯中，月也杯中：《全宋词》作“花在杯中，月在杯中”。杯中：这里指桂花和月亮都倒映在酒杯中，也指饮桂花酒赏月。

③ 一尊：一杯酒，这里指宴席。尊：同“樽”。

④ 浑欲：真想，简直要。

⑤ 化工：自然的造化者，这里暗指南宋皇帝。

⑥ 从容：不慌不忙，安逸舒缓。

◎译文

回想起昔日的中秋佳节，我置身于芳香四溢的丹桂丛，花影映照在酒杯中，月亮也倒映在酒杯中，真是开心啊。今晚同样在楼上举杯赏月，可是密布的乌云像窗上的一层纱遮挡了月光，我心中的泪水也像雨水一样打湿了纱窗。

我真想乘风而上去质问天公，可是这上天的路还没打通，想送信上去也是无路可走。偌大的厅堂中只有燃烧着的蜡烛发出红彤彤的光，那就让我们慢慢地喝酒，慢慢地唱曲儿吧。

◎创作背景

宋孝宗淳熙九年（1182年）到宋光宗绍熙三年（1192年），辛弃疾闲居带湖，这首词当作于此期间。

◎赏析

这是词人在中秋之夜创作的一首词，通过回忆曾经晴朗的中秋之夜与当下雨中的中秋作对比，表达了词人壮志难酬、怀才不遇的愤懑之情。

“忆对中秋丹桂丛，花也杯中，月也杯中”，以简洁明丽的笔调描绘出一个桂花飘香、皓月当空的晴朗之夜，词人置身于其中开怀畅饮，好不热闹，以此回忆过去美好中秋之夜来烘托今日的赋闲愁闷之情。“花也”两句笔意极工，透显空灵境来我家，营造出一种怡然自得的情景。

“今宵楼上一尊同，云湿纱窗，雨湿纱窗”，话语一转，写出当下的中秋之夜，同样是置身于这个楼上，同样是一桌宴席，却不见明月。词人不正面说无月，只写云和雨，这样显得含蓄蕴藉，表现出词人赏月而不得月的沉闷而遗憾之情。

“浑欲乘风问化工，路也难通，信也难通”，企盼自己的抗金报国之志能够让当今圣上知道，但是又自知这是一条很难走通的路。“浑欲”一词表现出词人内心的急迫，词人内心不仅有等不到明月的遗憾，更暗含着不被朝廷重用、报国无门的愤恨，然而为国效忠的愿望却无路可通，只好叹息而止。

“满堂唯有烛花红，杯且从容，歌且从容”，以描写今日中秋之景的凄凉来表达自己的一份无奈之情。中秋无月，却有“烛花红”，这一强烈对比，加重了中秋无月带来的寂寞愁情，使人倍增幽怨。词人在无奈之下，故作旷达，用唱歌饮酒来排遣这份愁苦。

全词写景抒情融为一体，语言明白晓畅，婉曲蕴藉，韵味无穷。词人借题发挥，借中秋无月发泄自己报国无门、济世无望的悲愤之情。

◎轶闻异物录

桂花与月亮

相传月亮上的广寒宫前，有一棵桂树生长繁茂，有五百多丈高。汉朝河西人吴刚，因学仙时不遵守道规，被罚在这里砍伐桂树，但是每次砍下去之后，被砍的地方又立即合拢了。几千年来，就这样随砍随合，这棵桂树永远也不能被砍断，依然生机勃勃，吴刚日日做这种徒劳无功的苦差使，这就是对他的惩罚。李白诗中有“欲斫月中桂，持为寒者薪”的记载。汉晋后，人们开始把桂花与月亮联系在一起，编织了“吴刚伐桂”等许多美丽的传说。因此，月亮也称“桂宫”“桂魄”。

定风波·暮春[1]漫兴[2]

少日[3]春怀似酒浓。插花[4]走马[5]醉千钟[6]。老去逢春如病酒[7]。唯有。茶瓯[8]（ōu）香篆[9]（zhuàn）小帘栊[10]。

卷尽残花[11]风未定。休恨。花开元自[12]要春风。试问春归谁得见？飞燕[13]。来时相遇夕阳中。

◎注释

①暮春：农历三月左右的春末。

②漫兴：漫不经意，兴起而写的词作。

③少日：年少时。

④插花：戴花。

⑤走马：骑马疾走。

⑥千钟：很多杯酒的意思。钟：酒杯。

⑦病酒：喝多了酒，感觉像生病一样。

⑧茶瓯：茶罐，这里指喝茶。

⑨香篆：燃香的一种方式。

⑩帘栊：同“帘笼”，挂有帘子的窗户，这里指窗帘。

⑪残花：即将谢败的花。

⑫元自：原来，本来。

⑬飞燕：飞翔的燕子。

◎译文

青春年少时，春天一旦到来，游玩的兴致比那美酒还要浓烈，插花、骑马疾驰，还要醉倒在美酒中。如今人到年老时，对春天却毫无兴趣了，就像醉酒一样难受，只能在自己的小房子里，点燃一盘香，喝上几杯淡茶来消磨时光。

狂妄的春风把将谢的花儿全给卷走了仍然不停息，不要恨它，因为花儿的开放也需要春风助一臂之力。我想问一问，有谁看得见春天的离去吗？定是那飞来的燕子，在金色的夕阳中与春光相遇吧。

◎创作背景

这首词当作于宋孝宗淳熙九年至宋光宗绍熙三年（1182—1192），辛弃疾闲居带湖期间。这时诗人正值悲伤之际，闲居的生活以及被罢官后的落寞心情让他更加觉得悲凉，但他对前途仍抱有信心。

◎赏析

这是一首伤春词，通过描写春末花儿凋谢燕归来的景象，反映出词人的既消极又无奈的心绪，抒发了词人的愤懑之情。

“少日春怀似酒浓。插花走马醉千钟”，开篇追忆年少时逢春的情景。用“似酒浓”来形容少日的春怀，给人以酒兴即将发作的暗示，接着又以“插花”“走马”等狂态来附和这酒态，最后“醉千钟”将喝醉之后的癫狂举止推到高潮。这一切都是年少逢春时的场景，少年们纵情狂欢，其乐无穷。

“老去逢春如病酒。唯有。茶瓯香篆小帘栊”，描写当下逢春时的情景。年少时的逢春只有在追忆里，如今的现实是“如病酒”，同样都是“酒”，境况却截然不同。此时的词人心情极度低沉，对一切都毫无兴味，这与“少日”情形形成强烈对比，加重了词人的伤感情绪。

“卷尽残花风未定。休恨。花开元自要春风”，描写词人眼前所见之景。这里的转折很突兀，看似与上片毫无联系，然而细细品味，这恰恰是上下片过渡的桥梁。词人始终注视着那“小帘栊”，密切关注着外面的变化。春风把花瓣吹尽了却还不肯停，春天也会随着这春风破败，词人自然是怨恨春风的，但词人却说“休恨”，因为有了春风的吹拂，花儿才得以开放。在这出人意料的转折中，蕴含着深奥的哲理，也饱含着难以名状的无限感慨。

“试问春归谁得见？飞燕。来时相遇夕阳中”，这是词人的自我安慰，以自问自答结尾。这一句问得突然，也令人感到难于回答，词人却运用拟人的手法，想象着离去的春天与飞来的燕子在金色的夕阳中相遇，这想象既奇特又生动形象，不仅巧妙地回答了上句的疑问，也引人遐想，给读者留下广阔的想象领域和思维空间，诱发人们追踪春天的脚步，进行哲理的思考，真是妙不可言。

这首词表面上描写惜春之情，实际上另有所指。词人正处于人生低谷，悲伤落寞的心情让他所见之处尽是萧瑟，从侧面反映了词人对于自己被罢官的愤懑之情，然而尾句写到燕子于夕阳中遇到春天的景象，也反映了词人对前途仍抱有信心。

◎轶闻异物录

香篆

古时的佛堂书斋闺阁里，人们常把香粉末用模子压印成固定的字型或花样，这种用香的方式称为“香篆”，也叫“香印”“香拓”，压印香印的模子称为“香篆模”。制作过程一般分为三步：第一步铺灰。铺底香灰“压”是关键。压香灰在于平整，却不可压得太实，最好在压好的香灰上再铺上一层使用过的香灰，再用香压轻轻地压一遍，以便香粉在燃烧中有氧气及时供给。第二步打篆。将香篆模轻轻地平放在铺好的炉灰上，用香匙将香粉填在模子上。中间轻轻晃动一下模子，然后填满，再轻轻向上提起模子。要尽量避免印出来的香篆散掉。第三步燃篆。在图形或字样的一端点燃香篆，使其以此燃尽。

水龙吟·甲辰岁①寿韩南涧②尚书

渡江天马③南来，几人真是经纶手④。长安父老⑤，新亭风景⑥，可怜依旧。夷甫⑦诸人，神州沉陆⑧，几曾回首。算平戎⑨万里，功名本是，真儒事、公知否⑩。

况有文章山斗⑪。对桐阴⑫、满庭清昼。当年堕地，而今试看，风云奔走。绿野⑬风烟，平泉⑭草木，东山⑮歌酒。待他年，整顿乾坤事了，为先生寿。

◎注释

① 甲辰岁：指宋孝宗淳熙十一年（1184 年）。

② 韩南涧：韩元吉（1118—1187），号南涧，南渡后寓居上饶，与词人往来甚密，是志同道合的好友。

③ 渡江天马：原指晋王室南渡，建立东晋，因晋代皇帝姓司马，故称天马。这里代指南宋王朝的建立。

④ 经纶手：原意为整理乱丝的手，这里引申为筹划、处理国家大事的能手。

⑤ 长安父老：这里是借东晋事说中原父老盼望北伐。语出《晋书·桓温传》："温遂统步骑四万发江陵，水军自襄阳入均口，至南乡，步自淅川，以征关中。……温进至霸上，健以五千人深沟自同，居人皆安堵复业，持牛酒迎温于路者十八九，耆老感泣曰：'不图今日复见官军！'"

⑥ 新亭风景：这里借指南宋人们对河山破碎的感慨。语出《世说新语·言语》："过江诸人，每至美日，辄相邀新亭，藉卉饮宴。周侯中坐而叹，曰："风景不殊，正自有山河之异！"皆相视流泪。唯王丞相愀然变色，曰：'当共戮力王室，克复神州。何至作楚囚相对？'"

⑦ 夷甫：王衍，字夷甫，西晋末宰相。他喜空谈，不论政事，终致亡国。这里代指喜爱空谈的南宋当权者。

⑧ 沉陆：指中原沦丧。

⑨ 平戎：这里指打败金兵，收复失地。戎：指金兵。

⑩ 真儒事、公知否：《全宋词》作“真儒事、君知否”。真儒：指有真学问和大本事的读书人。

⑪ 山斗：泰山北斗的缩写。古人曾说韩愈的文章是“学者仰之如泰山、北斗”，这里是把韩元吉的文章比拟成韩愈的，称赞韩元吉。

⑫ 桐阴：韩元吉是北宋时中原地区著名的“颍川韩氏”家族的后裔，颍川韩氏在汴京的府邸前多植桐树，以区别于当时的另外一家韩氏大族“相州韩氏”。这里是称赞韩元吉的家世显赫。

⑬ 绿野：绿野堂，唐代著名宰相裴度退居洛阳后的居所。

⑭ 平泉：平泉庄，唐代另一著名宰相李德裕在洛阳郊外的别墅。

⑮ 东山：山名，在今浙江绍兴上虞区西南，东晋名相谢安的隐居地。

◎译文

自高宗皇帝渡江南来之后，到底有几个人能真正称得上是经略天下、治理国家的人才？中原沦陷区的父老乡亲日夜期盼北伐，南渡的士大夫们也只是慨叹山河的破碎，半壁河山至今未曾收复。那些空谈之辈面对国土丧失，何曾把收复失地、挽救危局、统一国家放在心上？算起来，我为平定金兵，戎马倥偬，已征战了万里之遥。横枪立马把金人赶走，建功立业，报效祖国，留名青史，这才是真正读书人的事业。韩元吉啊，你是否明白这一点呢？

你的文章堪比韩愈，称得上是泰山北斗；你家世尊贵显赫，门庭前梧桐成阴，浓密清幽，一定会招来金凤凰。你生来就不平凡，壮岁又曾为国事奔走，现在则更应为恢复中原而大显身手。现在你虽然辞官在家，栖居山野，但将来你一定会重新承担国家重任。等到将来，你重整社稷，收复中原，完成祖国统一大业之后，我再来为你举杯祝寿。

◎创作背景

宋孝宗淳熙八年（1181年），辛弃疾被弹劾，退隐于上饶带湖，曾任吏部尚书的韩南涧（即韩元吉，辛弃疾居信州，与韩相邻，往来唱和频繁），致仕后亦侨寓此地。由于他们都有抗金雪耻的雄心壮志，所以过从甚密。这时距离宋金“隆兴和议”的签订已整整二十年，南宋朝廷文恬武嬉，并不关心国事。又三年，岁次甲辰（1184年）正逢韩元吉六十七岁寿辰，辛弃疾填了此词。

◎赏析

这是一首祝寿词，词人表达了自己争取北伐的迫切愿望，并通过祝寿勉励友人和他一起担负这一历史重任。

“渡江天马南来，几人真是经纶手”，开篇就痛斥当权者偏安误国，如高山坠石，劈空而来，力贯全篇。词人借用晋王室南渡的典故代指宋高宗的南渡，自南渡以来，朝廷中缺乏整顿乾坤的能手，以致偏安一隅，朝政腐败，开全篇之首，为后面的议论抒情打开通道。

“长安父老，新亭风景，可怜依旧”，借用典故描写宋室南迁近六十年来的社会现实。宋高宗在位三十五年，他是彻头彻尾的投降派，为求自保，任何屈膝叩头的事都做得出来。北宋沦亡后，中原父老翘首企盼着北伐，但朝廷始终无所作为，词人怎能不痛心疾首。

“夷甫诸人，神州沉陆，几曾回首”，借晋说宋，矛头直指当权者。王夷甫是一个只会高谈阔论，全不肯正视神州陆沉现实的人，词人用以暗指当权者，是对南宋投降派的口诛笔伐。词人对当权者不能任用真正有才能和爱国抱负的人所造成的严重后果，表示深深的惋惜。以上几句都是针对时事而发的，情绪低沉，笔调也随之挫落。

“算平戎万里，功名本是，真儒事、公知否”，这几句是词人对友人的勉励，也是抒发自己的豪情壮志。笔锋到这里又重新振作，既然国家的中兴不能指望那些空谈误国的权臣，那么就只能指望“真儒”者，“真儒”者是谁？自然是韩元吉。这里既是对韩元吉才能的夸赞和肯定，更是对友人的勉励，希望他能担负起“平戎万里”的大任。

“况有文章山斗。对桐阴、满庭清昼。当年堕地，而今试看，风云奔走”，因是祝寿词，主要内容是对寿主的歌颂，所以这里又转到主题上来，对韩元吉的文章、才干、家世等等进行了一番颂扬，表达词人对韩元吉的敬仰之意，与上片形成有机的组合。此外，词人在上文说在朝当政者没有治国之才，而如今像韩元吉这样真正有才之士却被排挤在外，其对友人的称赞与上文中对当权者的批判形成鲜明对比，表达了词人郁愤不平之气。

“绿野风烟，平泉草木，东山歌酒”，将韩元吉比作前代的宰相，可如今的韩元吉和词人一样都像历史上三位贤相那般被投闲置散，寄情林莽，虽有报国之心，却无报国之门，词人的愤慨之情可以想见。

“待他年，整顿乾坤事了，为先生寿”，结尾是词人与友人的共勉。词人在愤慨之余，对国事仍未失去信念，仍对国家前途抱有希望，这充分体现了词人顽强乐观的斗争品格。

整首词通篇用典，但不使人感到生硬堆砌，而是驱散自如，融化无迹，将所表达的悲壮豪迈之情恰到好处地写出来，构成了悲壮苍凉的风格，显示出词人驾驭语言和谋篇布局的高超水平。

韩元吉

韩元吉（1118—1187），南宋词人，字无咎，号南涧。北宋有两韩氏并盛，一为相州韩氏，一为颍川韩氏。颍川韩氏京师门第前多植桐木，故世称“桐木韩氏”，以别于相州韩氏。韩元吉属于桐木韩氏这一支。宋代入仕之途主要有二：一为进士考，一为袭门荫，韩元吉的入仕属于后者。淳熙七年，韩元吉致仕后开始了晚年在上饶的真正闲居生活。他一生中交往的人物有数百位，而重要的人物只有四位。其中吕祖谦是他的女婿，先他而逝；陆游是他交往时间最长的朋友；朱熹是他学术上的诤友；而辛弃疾则是他退居上饶时来往最密切的朋友。辛弃疾最后定居上饶的时间是在淳熙九年，即他的带湖新居落成之后。对他而言，韩元吉是政坛和文坛的老前辈，事实上，韩元吉还是当时上饶文坛的盟主，辛弃疾因此对非常尊重。韩元吉词风雄浑、豪放，与辛弃疾很接近，著有《南涧甲乙稿》《南涧诗余》等。陆游称赞他的作品“落笔天成，不事雕镌”。

满江红·送李正之提刑入蜀①

蜀道登天，一杯送、绣衣行客②。还自叹、中年多病，不堪离别。东北看惊诸葛表③，西南更草相如檄④(xí)。把功名⑤、收拾付君侯⑥，如椽(chuán)笔⑦。

儿女泪，君休滴。荆楚⑧路，吾能说。要新诗准备，庐山山色。赤壁矶⑨头千古浪，铜鞮(dī)陌⑩上三更⑪月。正⑫梅花、万里雪深时，须相忆⑬。

◎注释

① 送李正之提刑入蜀:《全宋词》无“入蜀”二字。李正之：李大正，字正之，宋孝宗淳熙十一年(1184年)冬，从江西奉命任利州路提点刑狱使。

② 绣衣行客：西汉武帝时设绣衣直指官，派往各地审理重大案件。这种官员身着绣衣，以示尊贵。提点刑狱使的职责与绣衣直指官相似，所以这里借指友人李正之。

③ 诸葛表：三国时蜀相诸葛亮出师北伐曹魏，有《出师表》上后主刘禅。这里借指李正之入蜀后会有筹措北伐的壮举。

④ 相如檄：汉武帝时巴蜀地区因故发生动乱，司马相如奉武帝之命安抚巴蜀百姓，写了《喻巴蜀檄》。这里借指李正之入蜀后也能安抚百姓，使之安定。

⑤ 功名：这里是称赞友人文才出众，能立功建业。

⑥ 君侯：汉代对列侯的尊称，后泛指达官贵人，这里代指李正之。

⑦ 如椽笔：这里指大手笔。

⑧ 荆楚：在今湖南、湖北一带，古时属楚国，是李正之从江西入蜀的必经之地，辛弃疾曾在这一带做过官。

⑨ 赤壁矶：一名赤鼻矶，在今湖北黄冈市西南，苏轼以为是当年周瑜破曹之地，曾作《念奴娇·赤壁怀古》词和《赤壁赋》凭吊之。

⑩ 铜鞮陌：在今湖北襄阳，这里代指襄阳，也是李正之将要经行之地。

⑪ 三更：古代的时间名词。古代把子时作为三更，一般用三更来指深夜。

⑫ 正：正值，当时。

⑬ 相忆：相互思念。

◎译文

蜀道攀登难于上青天，一杯薄酒为你饯行。已值中年，还总是多病，最不能忍受这离别之苦。希望你这次入蜀能挥师北伐，收复失地；也能镇抚巴蜀，安抚百姓。你文才出众，希望能大展身手，为国立功建业。

君莫要为这离别流泪伤心，请用诗记录下这一路的美好景色：庐山的风姿，赤壁的激浪，襄阳的明月。正是梅花绽放、大雪纷飞时节，我们一定要相互勉励，不要相忘。

◎创作背景

宋孝宗淳熙十一年（1184 年）冬，词人罢居上饶已近三年。李正之是词人的好友，曾两度任江淮、荆楚、福建、广南路的提点坑冶铸钱公事，是年冬入蜀，改任利州路提点刑狱使。词人作此词为他送行。

◎赏析

这首送别词通过描写送别的场面，抒写了词人与友人之间的深厚情谊，同时将爱国之情与朋友之谊融为一体，委婉地表达出自己的不得志。

“蜀道登天，一杯送、绣衣行客”，起句点明了友人的去向和饯行之事。“蜀道登天”借用李白的蜀道难，暗含朋友此行之艰难，此行虽是王命，又何尝不是小人的挟嫌排挤，所以这阕词写得极其沉郁，开头无异于定下了全词的基调。“一杯”一句看似淡语，然而却是至情的无间，流露出淡淡的君子之交。没有华筵歌妓，也没有清客的捧场，只有两个知心的朋友一杯相对，不仅写出了友情之深，也写尽了世态之薄。“绣衣”是对“提刑”的美称。汉武帝时，派使者衣绣衣巡视天下，操有生杀之大权，称为绣衣直指。李正之提点刑狱公事，也负有司法和监察的任务，所以稼轩借以称他为“绣衣使者”。

“还自叹、中年多病，不堪离别”，转写词人自己，表露出因与友人相别而引起的伤感。“中年多病”，此时词人四十五岁，正是大有作为之年，却“多病”，“病”字包含了词人正当年而一放就是三年，本有才能去驱除外侮，却非要闲置如此，内忧外患，不能不“病”。“还自叹”三字领起下面两种难堪：自己闲置生愁，正当堪用的同志又遭远调，离开了中央，这一来抗战派被淘汰将尽。所以这种离别，不止友情，更关系国家的命运，这才是最大的痛楚。

“东北看惊诸葛表，西南更草相如檄”，这两句是对友人的勉励。词人并未沉湎于伤感之中，而是很快仰起头来，满腔热血地鼓励友人入蜀做官，要像诸葛亮那样，坚持抗战和北伐，使东北方向的金人闻风丧胆；要像司马相如那样安抚蜀中百姓，稳定后方，为国家的强大作出贡献。可谓切地切事，寄语殷殷，盛情感人，与一般的应酬和吹嘘迥然不同。

“把功名、收拾付君侯，如椽笔”，对友人建功立业的才能表示高度的肯定和赞赏。词人自己废置无聊，友人虽任非其所，但毕竟还是有职有责的，终究还是可期以“功名”的，所以词人祝愿友人入蜀以后能有大作为。

“儿女泪，君休滴。荆楚路，吾能说”，承上片送别之意，以劝慰之语收束惜别之情。“儿女泪”用王勃《送杜少府之任蜀川》“无为在歧路，儿女共沾巾”之意，表达对友人的不舍之情；同时，词人始终心怀抗战事业，他希望友人也收起“儿女泪”，而以江山为念。

“要新诗准备，庐山山色。赤壁矶头千古浪，铜鞮陌上三更月”，描写去蜀途中的美景。“荆楚路”这一带是没有被敌人占领的，如此美景，宜爱宜惜，爱，就要珍重它；惜，就要保护它，特别是作为北方游子的词人，当提到这些南方的美景时，不能不有一些思乡的酸楚夹杂于胸中。总之，只因分为两半的祖国横亘在胸中，所谓“新诗”，也当是长歌之恸。以此相勉，看似轻松的调侃，其实正是痛心的变异。以此寄人，不仅见趣，且更见志，委婉而深厚。

“正梅花、万里雪深时，须相忆”，点明时间，呼应开篇送别的主题。这一段看似白描没有多少深意，其实联系历史背景，仍然可以感到话外之音。“梅花”是点明季节，又是传递消息的暗示；“万里雪深”是彼此的间隔，也是彼此的处境，是地理的，也是心理的，但不论地理的或心理的，造成间隔而寂寞的，终归是政治的原因，是投降派对于他们的打击。“须相忆”是词人最后发出的期盼，与友人相互勉励莫忘祖国的恢复大业。

这首词整体风格豪放，但又收放自如，时有缓和、细腻之笔，且词中处处把李之赴任，与己之罢闲，对照写来，一喜一忧，缠绵悱恻，寄意遥深，感人心肺。

◎轶闻异物录

蜀道

蜀道是古代由长安通往蜀地的道路。蜀道穿越秦岭和大巴山，山高谷深，道路崎岖，难以通行，诗仙李白曾作《蜀道难》一诗，具言蜀道之艰难。通常学术研究中提到的“蜀道”，是指由关中通往汉中的褒斜道、子午道、故道、傥骆道（堂光道）以及由汉中通往蜀地的金牛道、米仓道等。

古蜀道，从广义上说，南起成都，过广汉、德阳、罗江、绵阳、梓潼，越大小剑山，经广元而出川，在陕西褒城附近向左拐，之后沿褒河过石门，穿越秦岭，出斜谷，直通八百里秦川，全长一千余公里。古蜀道历史悠久，至今已有三千多年，是人类最早的大型交通遗存之一，比古罗马大道的历史更为悠久。有专家指出：古蜀道不仅是中国唯一，也是世界唯一。

无论古代与现代，蜀道在我国历代经济和文化的发展中均占有举足轻重的地位，在海上交通不发达的周、秦、汉、南北朝的漫长历史时期，蜀道是历代王朝政治中心——京都通往西南乃至通往与西南临近之国的要道，它与连接东西的丝绸古道具有同样重要的意义。

清平乐（yuè）·独宿博山[①]王氏庵[②]

绕床饥鼠。蝙蝠翻灯舞[③]。屋上松风吹急雨。破纸[④]窗间自语。

平生塞北[⑤]江南[⑥]。归来[⑦]华发苍颜[⑧]。布被秋宵梦觉，眼前万里江山。

◎注释

① 博山：山名，在信州永丰（今江西省广丰）县西约二十里，古名通元峰，由于其形状像庐山香炉峰，故改称博山。

② 王氏庵：王氏人家的草屋。

③ 翻灯舞：绕着灯飞来飞去。

④ 破纸：窗间的破纸瑟瑟作响，好像在自言自语。

⑤ 塞北：指词人年轻时曾到燕山一带观察形势，以备抗金复国。

⑥ 江南：指词人回到南宋后，在江南做了多年的地方官。

⑦ 归来：指词人四十多岁时罢官归隐农村。

⑧ 华发苍颜：头发苍白，面色憔悴，这里是词人在感叹自己如今衰老不堪。

◎译文

夜幕刚刚降临，一群饥饿的老鼠便窜出来，奔驰追逐，寻觅吃食，蝙蝠也闯了进来，围着昏黑的油灯上下翻舞。狂风夹带着松涛，犹如汹涌波涛般放声呼啸；大雨瓢泼而下，急促地敲打着屋顶；窗户纸被风撕裂，发出呜呜的声音，仿佛有人在低声悲泣、自言自语。

曾经在塞北与金人浴血奋战，后来又辗转到江南为官，再到如今归隐山林，不知不觉中已是容颜苍老，满头白发。一阵凄冷的秋风吹透了单薄的布被，从梦中惊醒，眼前依稀还是梦中的万里江山。

◎创作背景

这首词作于宋孝宗淳熙十二年（1185年）。在淳熙八年（1181年）十一月前后，辛弃疾约四十五岁时，被贬官为民，闲居于带湖。期间，他常到信州（今江西上饶）附近的名胜之处鹅湖、博山等地游览。一个清秋的夜晚，词人来到博山脚下一户姓王的人家投宿。这儿只有几间破旧的小草庵，屋后是一片竹林，环境十分荒凉冷落。词人即景生情，百感交集，在夜深人静的时候，写成了这首寄寓很深的小令。

◎赏析

这首词是写词人独宿博山王氏庵的感受，描绘了一幅萧瑟破败的风情画，表达了词人虽处境悲凉但雄心不减的可贵精神。

“绕床饥鼠，蝙蝠翻灯舞。屋上松风吹急雨，破纸窗间自语”，以所见所闻渲染寂寞荒凉的环境和气氛。用语灵活、勾勒生动，未用一个连词却将屋内的环境都描述清楚。用“饥”刻“鼠”，一看即明白这里物质匮乏，用“翻灯舞”显出蝙蝠之猖狂，再接以“屋上松风吹急雨”，使得下句的出现自然而然。“急”字，更衬出小屋在风雨中单薄破败。其情景已在读者心中呈现，画面感强烈，虽不特别出彩，也不加以雕饰，却显得更直观更具体。“自语”二字，自然而又风趣地将风吹纸响拟人化、性格化。

“平生塞北江南，归来华发苍颜。布被秋宵梦觉，眼前万里江山”，写白发苍颜、壮志难酬的悲凉心情。词人平生为了国事奔驰于塞北江南，如今失意归来，头发已花白、容颜已苍老，独宿于久已无人居住的破屋，词人的心境在萧瑟破败的环境下愈显凄凉。然而，梦中醒来，眼前恍惚竟然还是万里江山，可见一颗赤诚为国之心，怎不令人嘘唏长叹，泪满双襟。“秋宵梦觉”指出了时令，同时也暗示了主人公夜来难以入睡，与“平生塞北江南”相呼应，把上阕四句推到背后。词人平生的经历使他心怀祖国河山，形诸梦寐，而眼前的现实又使他逆境益思奋勉，不坠壮志，而全词因有这一句，其思想境界顿然提升。

这首词感情浓烈，语言平淡，对主人公的心理描写和形象刻画却十分成功。词人用抽象的文字将描写的景物具象化，每一句话都是一件事物、一个景点，把它们拼接起来，竟连连接词都可以省略掉，自然形成了这幅难得的风情画。同时，通过画面，几乎可以触摸到词人那颗激烈跳动着的凄苦的心，那颗热爱祖国大好河山的执着的心。这首词的格调近似田园派或者归隐派，不同于词人其他的爱国豪放之作，但这首词别具一格，带给人们美好的艺术享受，具有很强的艺术感染力。

◎轶闻异物录

燕 山

燕山是中国北部著名山脉之一。山势陡峭，地势西北高，东南低。北缓南陡，沟谷狭窄，地表破碎，雨裂冲沟众多。以潮河为界分为东、西两段。东段多低山丘陵，海拔一般一千米以下，植被茂盛，灌木、杂草丛生，森林面积广阔。西段为中低山地，一般海拔一千米以上，植被稀疏，间有灌丛和草地。山脉间有承德、怀柔、延庆、宣化等盆地。沿山脊筑有长城，形势险要。喜峰口、古北口、黄花城、居庸关、东方口、独石口、张家口是燕山长城重要关隘，自古以来是由燕山以北进入华北平原的重要孔道，在军事中很有地位，古代与近代战争中，常常是兵家必争之地。

八声甘州·故将军饮罢夜归来

夜读《李广传》，不能寐。因念晁楚老、杨民瞻[①]约同居山间，戏用李广事，赋以寄之。

故将军、饮罢夜归来，长亭解雕鞍[②]。恨灞陵醉尉，匆匆未识，桃李无言[③]。射虎山横一骑，裂石响惊弦[④]。落魄封侯事，岁晚田园[⑤]。

谁向[⑥]桑麻杜曲[⑦]，要短衣匹马[⑧]，移住南山[⑨]？看风流慷慨，谈笑过残年[⑩]。汉开边[⑪]、功名万里，甚[⑫]当时、健者[⑬]也曾闲。纱窗外、斜风细雨，一阵[⑭]轻寒。

◎注释

①晁楚老、杨民瞻：辛弃疾的朋友，生平不详。

②解雕鞍：卸下精美的马鞍，这里指下马。

③桃李无言：汉代民谚“桃李不言，下自成蹊”的略写。司马迁在《李将军列传》中曾引用此谚语来赞美李广虽不善辞令，却深得天下敬仰。这里代指李广。

④惊弦：猛烈的弓弦声。

⑤岁晚田园：指李广屡立战功却没有被封侯，晚年闲居田园一事。

⑥谁向：化用杜甫《曲江三章》“自断此生休问天，杜曲幸有桑麻田，故将移往南山边。短衣匹马随李广，看射猛虎终残年”诗意。

⑦杜曲：地名，在长安（今西安）城南。

⑧短衣匹马：射猎的装束。

⑨南山：终南山，李广罢官以后的住所。

⑩残年：晚年。

⑪ 开边：开辟疆土，这里指西汉时的向外扩张。

⑫ 甚：为何，为什么。

⑬ 健者：指强健勇武的英雄。语出《后汉书·袁绍传》："天下健者，岂惟懂公。"

⑭ 一阵：《全宋词》作"一障"。

◎译文

今夜，挑灯读了《李广传》，久久不能入眠。只因感念晁楚老、杨民瞻相约一起到山里隐居，开玩笑时说起了李广的事，深有感触，就作此《八声甘州·故将军饮罢夜归来》词，用来寄给晁楚老和杨民瞻留念。

汉代李广将军，夜出同别人在田间饮酒，深夜醉归，经过灞陵亭。灞陵的亭尉也喝醉了，出言呵斥他，不让将军通过。虽然来去匆匆，灞陵尉可能还不认识李广将军，但李广将军却受天下人敬仰。李将军去射猎，误把草丛里的石头当作老虎，引弓发箭猛射，箭镞射进了石头，把石头都射裂了。这样的英雄却没有受到封侯，晚年退居山村，过着耕田地、种菜园的失意生活。

谁要去杜曲种桑麻？我要穿上射猎的衣服，骑上一匹马去终南山，我要学李广射猎练武，风流潇洒、慷慨激昂、谈笑愉快地闲度晚年。西汉开拓边疆，打击侵略者，很多人在边疆建功立业。可为什么，在需要人才的时候，像李广将军这样有胆略、有才干的英雄人物，却落职闲居呢？正当沉思的时候，纱窗外，斜风细雨，送来一阵轻寒之意。

◎创作背景

宋孝宗淳熙十五年（1188年），此时词人罢官闲居带湖已七年之久。一次夜读《史记·李将军列传》，联想到自己的遭遇，不禁感慨万千，写下这首词。

◎赏析

这首词是借李广功高反黜的不平遭遇，申诉词人自己无端落职、赋闲居家的不平，表达了对当权派倾轧忠良的强烈不满，同时也抒写自己虽遭打击而意志不衰的壮士抱负。

“故将军、饮罢夜归来，长亭解雕鞍。恨灞陵醉尉，匆匆未识，桃李无言”，开篇概括描写李广灞陵亭受辱一事。将“故将军”一词放在句首，表现了词人对灞陵尉势利小人行径的愤慨；“桃李不言”是引用民间谚语来赞赏李广的朴实性格，言简意赅，深刻隽永。一褒一贬，爱憎分明，对李广的遭遇表达出同情。李广有许多英勇无敌的壮烈事迹，但词人偏写罢官后受辱一事，这为全词奠定了基调，即慨叹英雄末路的悲哀，抒发词人壮志难酬的愤懑。

“射虎山横一骑，裂石响惊弦”，接着赞扬李广勇猛无畏的英雄气概和非凡的武艺。单人独骑横山射虎，可见胆气之豪；弓弦惊响而矢发裂石，可见筋力之健。李广如此健者而被废弃，可见当时朝政之昏暗。通过对李广的赞美为下文描写他的悲剧结局作了强有力的铺垫。

“落魄封侯事，岁晚田园”，写英雄的落魄，感慨李将军功高劳苦却不得功勋，英雄反遭罢黜，只能被迫退隐田园，可见朝政之黑暗，与词人的遭遇何其相似。“落魄”一词一语双关，既是英雄的落魄，也是词人自己的失意；“田园”既指李广的闲居地，也关合词人自己的乡间住所，这就为下面的议论和抒情做好了铺垫。

“谁向桑麻杜曲，要短衣匹马，移住南山？看风流慷慨，谈笑过残年”，化用杜甫的诗句，表明自己不甘于默默无闻地老死于田园，要学李将军那样风流慷慨、自强不息地度过晚年。词人在题语中写“晁楚老、杨民瞻约同居山间”，此处也是以杜甫思慕李广之心，隐喻晁、杨亲爱自己之意，盛赞晁、杨不以穷达异交的高风，与开头所写势利的灞陵尉形成鲜明的对比。其中“看风流慷慨,谈笑过残年”又照应“落魄封侯事,岁晚田园”句，表现了词人宠辱不惊、无所悔恨的坚强自信。

“汉开边、功名万里，甚当时、健者也曾闲”，借汉言宋，通过对汉代亏待英雄这一事件的质问，把矛头指向了南宋当权者。“健者也曾闲”，汉朝开边拓境，像李广这样的英雄豪杰本应建功立业，然而事与愿违，竟被闲置，这是为将军鸣不平，更是借古讽今，斥责当朝朝政腐败，当权者近奸佞而远贤良。语意激愤，感慨极深。

“纱窗外、斜风细雨，一阵轻寒”，以景结情，意在言外，引人深思。词人遭到罢黜，是因小人谗毁所致，通过对环境的描写，烘托出词人悲凉的心情，也隐喻此辈之阴险和卑劣，并点明题语所曰“夜读”之事。

这首词是典型的借古人酒杯、浇自己胸中的压抑之感，全词以一个历史人物贯穿始终，夹叙夹议，将史事典故、前人诗句与自己的感慨情绪化为一体，表达了当时许多爱国志士的共同思想；同时词人又加进了丰富的想象，使情景更加逼真，鲜明地体现了辛词善于用典的特色。

◎轶闻异物录

灞陵醉尉

灞陵尉是汉代灞陵县（今陕西省西安市）东的一个县尉，因汉文帝陵墓叫灞陵，故而在其地设立灞陵县，灞陵附近有一座亭驿，亭长亦由这位县尉兼任，专司守陵墓之职，所以人称“灞陵尉”。

西汉的名将李广多年来一直在北方抗御匈奴入侵，由于他骑射能力超群，行动矫捷如风，匆匆来匆匆去，叫人摸不准他的路子，所以匈奴人呼之为“飞将军”，战功卓著。后来在一次战斗中，遭到匈奴重兵包围，部队损伤惨重。李广机智脱险，但因为损兵折将，被判了死罪。当时汉朝可以拿钱赎罪，李广缴钱，“赎为庶人”，捡了一条命。之后退居林下，住在陕西蓝田南山中，常以射猎消遣，打发时光。一日他带了一名随从出门，在田间同别人饮酒，回来路过灞陵亭时已到了宵禁时分。这时，守护灞陵的灞陵尉也喝醉了酒，他见有人犯禁，便大声喝止。李广的随从上前打招呼说这是前将军李广。灞陵尉说现任的将军也不准犯夜行路，何况你是前任的将军呢？于是毫不客气地让他停宿在驿亭中。曾指挥千军万马、叱咤风云的飞将军李广，如今虎落平阳被犬欺，竟被一个小人物所困。后来，灞陵尉止广夜行的轶事，就成了英雄落魄、小人得志的写照，成了“罢官受辱”的一个典故，而灞陵尉也因此成了势利眼的典型，被人们多所指责。

贺新郎·把酒长亭说

陈同父[①]自东阳[②]来过[③]余，留十日。与之同游鹅湖，且会朱晦庵[④]于紫溪[⑤]，不至，飘然东归。既别之明日[⑥]，余意中殊恋恋，复欲追路[⑦]。至鹭鹚(lù cí)林[⑧]，则雪深泥滑，不得前矣。独饮方村[⑨]，怅然久之，颇恨挽留之不遂[⑩]也。夜半，投宿泉湖[⑪]吴氏四望楼，闻邻笛悲甚，为赋《乳燕飞》[⑫]以见意[⑬]。又五日，同父书来索词，心所同然者如此，可发千里一笑。

把酒长亭[⑭]说。看渊明[⑮]、风流[⑯]酷似，卧龙诸葛[⑰]。何处飞来林间鹊，蹙（cù）踏[⑱]松梢微雪。要破帽、多添华发。剩水残山[⑲]无态度[⑳]，被疏梅、料理[㉑]成风月[㉒]。两三雁，也萧瑟[㉓]。

佳人[㉔]重约[㉕]还轻别[㉖]。怅清江、天寒不渡，水深冰合[㉗]。路断车轮生四角[㉘]，此地行人销骨[㉙]。问谁使、君来愁绝[㉚]？铸就而今相思错，料当初、费尽人间铁[㉛]。长夜笛，莫吹裂[㉜]。

◎注释

① 陈同父：陈亮，字同父（一说同甫），号龙川，婺（wù）州永康（今浙江永康）人，南宋著名爱国人士，思想家，文学家。曾再三上书宋孝宗，反对和议，坚决主张抗金，屡遭当权者迫害，是辛弃疾志同道合的朋友。

② 东阳：今浙江金华。

③ 过：拜访，探望。

④ 朱晦庵：朱熹，字元晦，号晦庵，徽州婺源人，南宋理学宗师。

⑤ 紫溪：地名，在江西铅山县南四十里，为建阳、上饶的必经之道。

⑥ 既别之明日：分别后的第二天。

⑦ 追路：沿路步后追随，追赶。

⑧ 鹭鹚林：地名，古驿道所经之地，在今上饶县毛村铺至铅山县太平桥之间。

⑨ 方村：村庄名，在鹭鹚林附近。

⑩ 不遂：没有成功。

⑪ 泉湖：地名，在信州东，方村附近。

⑫《乳燕飞》:《贺新郎》的别名。《全宋词》作“贺新郎”。

⑬ 见意：表达意见。

⑭ 长亭：古时在城外道路旁每隔十里设立的亭子，供行旅休息，或饯别亲友，这里代指送别之地。

⑮ 渊明：陶渊明，东晋大诗人。

⑯ 风流：高洁宏远的风度和志趣。

⑰ 卧龙诸葛：诸葛亮，三国蜀汉丞相。卧龙：比喻才能杰出的隐士。

⑱ 蹙踏：用脚踩踏。

⑲ 剩水残山：指园林里的人工山水。化用杜甫《陪郑广文游何将军山林》诗：“剩水沧江破，残山碣石开。”

⑳ 无态度：不成样子，不美观。

㉑ 料理：装点，装饰。

㉒ 风月：泛指风光、景色。

㉓ 萧瑟：萧条，凄凉。

㉔ 佳人：才华出众的君子，这里指陈亮。

㉕ 重约：看重之前的约定。五年前，陈亮约访辛弃疾，因被诬下狱未能践约，这次专门为了兑现旧约而来。

㉖ 轻别：轻易地分别。

㉗ 冰合：冰封住了江面。

㉘ 车轮生四角：这里是希望人不要走的意思。化用陆龟蒙《古意》诗：“君心莫淡薄，妾意正栖讬。愿得双车轮，一夜生四角。”指车轮上长了角，不能转动，车就开不了了。

㉙ 销骨：极度伤心而痛彻入骨的意思。

㉚ 愁绝：极端哀愁。

㉛ 人间铁：这里是指没留住陈亮是个错误。典出《资治通鉴》卷二六五：朱全忠留魏半岁，罗绍威供亿所杀牛羊豕近七十万，资粮称是，所赂遗又近百万，比去，蓄积为之一空。绍威虽去其逼，而魏兵自是衰弱。绍威悔之，谓人曰："合六州四十三县铁，不能为此错也。"

㉜ 长夜笛，莫吹裂：典出《太平广记》卷二十四李謩（mó）条引逸史。意思是希望邻居不要把笛子吹得太凄凉，自己实在受不了笛声之悲。这里是指对陈亮的不舍之情。

◎译文

陈同父兄从东阳来这里看望我，前后停留了十来天。我和他一起游览了鹅湖，并约朱晦庵一起到紫溪去相聚，恰巧晦庵有事没来，于是，同父兄就飘然东归而去了。已经是陈同父和我告别的第二天，我内心里十分不想与他分开，对他恋恋不舍，就又去追他，准备陪同他一起再走一段路程。到达鹭鹚林驿道时，恰遇路面上积雪很厚，泥泞湿滑，的确是不能再向前走了。于是，我就独自在方村停下来歇歇脚，喝一杯小酒，内心里久久不能平静，十分后悔我对他的挽留不够坚决，没有把他留住。到了夜里，投宿在吴氏泉湖四望楼，听到隔壁有人在吹奏一支笛曲，曲音实在太悲切了，是一首名为《乳燕飞》的词曲，太符合我当时的心情了。又过了五天，我收到了同父兄来信索要我写的词，并在信中说他当时的心情和我一样，分别时的心情就像是在听《乳燕飞》的曲子，十分的难过。看到这些，我十分欣慰，开怀大笑，呵呵，看来我们虽然隔着千里，可是，我们的心是相通的啊。

在十里长亭，我与你饮酒话别，你那不愿为官、安贫乐道的品格很像陶渊明，而你满腹的经纶才华和杰出的军事才能又像是卧龙坡上的诸葛亮。只是不知从哪里飞来的几只鹊鸟，把松枝上的积雪踢下来了，落在我们俩的破帽上，好像我俩的头上又增添了许多花白的头发。放眼望去，山水萧索毫无生气，全靠那稀疏的梅花点缀，才算有了几分生机。天空中，两三只大雁飞过，也是那样的孤寂萧瑟。

才华出众的你是那样信守承诺，如约前来鹅湖相会，却又轻易地匆匆离别。只可惜这一江清水，江面上冰封雪冻，天寒水深，不能渡过，无法追上你，我深感怅惘。道路被积雪阻断，车轮也如同生出了四角不能转动，无法再追送你，我的悲伤痛彻入骨。是谁令我如此烦恼愁绝？都是我铸成了今天这样的大错，当初一定把人间的铁都用尽了。漫长难眠的冬夜，又传来邻人悲凄的笛声，不要再吹了，已经把我心吹碎了。

◎创作背景

宋淳熙十五年（1188）冬，陈亮远道来访，和词人同游鹅湖。虽然为期只有十天，但在辛弃疾一生中，是一次很有意义的会见。陈亮东归之后，辛弃疾写了这首词，两人往返唱和，各自写了三首。

◎赏析

这是一首追忆与陈亮的交会并抒发别情的词作，描写了二人之间的深挚情谊，表达了词人的相思之意，写得勃郁动荡，笔力奇重，是稼轩词中的名篇。

“把酒长亭说。看渊明、风流酷似，卧龙诸葛”，开篇描写长亭送别，赞赏陈亮的品格和才干。古人总在长亭送别，所以一说到长亭，总有一种依恋不舍之情，首句就点染了一种依恋惆怅的气氛。一个“说”字，领起下文，接着词人将陈亮比作陶渊明和诸葛亮这两位历史上的杰出人物，是对陈亮人格和才华的高度评价。陈亮那不愿做官、向往自由的品格很像陶渊明，而那风流潇洒的风度和杰出的政治、军事才能，又实在极像当年高卧隆中、人称卧龙的诸葛亮。这并非对陈亮的溢美之词，因为陈亮在政治和军事上确实有真知灼见，他曾三次上书孝宗，主张改革内政，抗击金兵，收复中原，并且在《中兴十论》中还具体规划了收复中原的政治和军事策略，从这些方面看，他确实可以与诸葛亮相比。长亭饯别本来就够惆怅的了，何况又是与这样不平凡的人分手，留恋之情自然更深了。这两个古人，原是词人自己喜爱的，自己所欲，奉之于人，足见其诚意。

“何处飞来林间鹊，蹙踏松梢微雪。要破帽、多添华发”，这里看起来是对相聚时的环境描写，其实是在暗喻当时作者的处境描写。“林间鹊”是词人用林间鹊鸟比喻那些阻碍他们坚决抗金，却又在暗处陷害他们的人。这里不是静态描绘，而是灵幻生动的风趣表现，寥寥几笔不仅点明了季节，而且将二人当时在松林雪地里倾心交谈的神态生动地烘托出来，让人回味无穷。“要破帽”句是化用东晋孟嘉龙“鹊踏松梢·雪落破帽”的典故，以戏谑的语言，传达年华老大的悲哀，表达了词人被迫无奈而蹉跎岁月，以及报国无门的感慨。这一神来之笔，将自嘲庸碌衰老与赞美陈亮的话相对照，十分巧妙。

“剩水残山无态度，被疏梅、料理成风月。两三雁，也萧瑟”，通过对自然景物的描写来表达词人内心的无奈。“剩”“残”“萧瑟”等词突出的并非环境的萧条，而是当时国家命运的萧索，所以，表面上是写景，实际上是用比兴手法，有着象征意义。“剩山残水”显然是暗喻祖国大好河山的支离破碎，中原的大片土地被金兵占领，南宋政府却偏安一隅无所作为。挺立在寒风中的梅花，象征着包括陈亮和词人在内的少数主战派在危局中苦苦支撑，为国家“料理”“风月”，使山河发出一些光彩。然而，少数抗金志士的力量如同空中的“两三燕”，力量实在单薄，拯救不了国家。字里行间，蕴含深远的忧国情思。这是词人隐居时期，越来越深切地感受到的政治情怀的较明显的传达。

“佳人重约还轻别”，转换角度，点出陈亮的别去，词人的寥落。词人称赞陈亮的重守约定，又微怨他的匆匆离别，这一矛盾心情恰是词人深深不舍的写照。这一句是承上启下，为下文词人追赶朋友却被风雪所阻的情景作铺垫。

“怅清江、天寒不渡，水深冰合。路断车轮生四角，此地行人销骨”，具体描写词人追赶陈亮途中遭遇阻碍的情形。清江冰合，陆路泥泞，水陆都不可以前行，追赶也就成了泡影。实际上，他这一次是从陆路追赶朋友的，但是特用水路作虚衬，为的是突显无路可通的极度失望。追赶之路的种种困难实际上也暗示了政治斗争和人生路上的不顺利。然在这样的路途上依然想追挽朋友，表达了二位政治知音深厚的高尚情谊，也暗示了词人不会因为困难险阻而退缩不前的精神。

“问谁使、君来愁绝？铸就而今相思错，料当初、费尽人间铁”，以自问自答的形式，表达了对陈亮的深刻思念。这一虚拟一问是从写景到抒情的转折，不仅使词意可以从无可伸展处再生波澜，而且写出了别情的不可解脱。于是在问句的追逼下，词人以极夸张的笔墨，将没有能够挽留住挚友的后悔，倾身一发，词刚气烈，表明了词人心中异常激烈的感情。“铸刀之错”不仅说明他们的友情深厚，也有一语双关的妙用，是谴责南宋当权者采取投降路线，结果弄得南北分裂，铸成山河相望而不得相合的莫大错误。这样富有内涵的抒情重笔，使人在夸张的笔墨中悟出词人的真实感情。

“长夜笛，莫吹裂”，结尾以悲痛的情语收束全词，突出了词人心绪的哀切和相思的绵远。这两句表面上是说不要把笛子吹裂，实际上却是说悲凉的笛声使相思之人的心肠更加愁烦，快要撕裂，从而把思念挚友之情写得非常含蓄而又入木三分，使全词在悲凉的意境中收束，却情深意永，余音袅袅。

整首词在结构上层次分明，层层深入，格调虽沉郁悲凉却情真意切，是辛弃疾词的佳作之一。

◎轶闻异物录

《资治通鉴》

《资治通鉴》是北宋司马光主编的一部多卷本编年体史书，是我国第一部编年体通史巨著。在这部书里，编者总结出许多经验教训，供统治者借鉴，宋神宗认为此书“鉴于往事，有资于治道”，而钦赐此名。全书共二百九十四卷，三百多万字，上起周威烈王二十三年（前 403 年），下迄五代后周世宗显德六年（959 年），前后跨越一千三百六十二年。书中描绘了战国至五代时期的历史发展脉络，探讨了秦、汉、晋、隋、唐等统一的王朝和战国七雄、魏蜀吴三国、五胡十六国、南北朝、五代十国等几十个政权的盛衰之由，生动地刻画了帝王将相们为政治国、待人处世之道，以及他们在历史漩涡中的生死悲欢，通过对事关国家盛衰、民族兴亡的统治阶级政策的描述而警示后人。《资治通鉴》自成书以来，历代帝王将相、文人骚客、各界要人争读不止。点评批注《资治通鉴》的帝王、贤臣、鸿儒及现代的政治家、思想家、学者不胜枚举。作为历代君王的教科书，司马光的《资治通鉴》与司马迁的《史记》并列为中国史学的不朽巨著，所谓“史学两司马”。

破阵子·为陈同父[①]赋壮词以寄之[②]

醉里挑灯看剑[③]，梦回[④]吹角连营[⑤]。八百里[⑥]分麾（huī）下炙[⑦]（zhì），五十弦[⑧]翻[⑨]塞外声[⑩]。沙场[⑪]秋[⑫]点兵[⑬]。

马作的卢[⑭]飞快，弓如霹雳弦惊[⑮]。了却[⑯]君王天下事[⑰]，赢得生前身后名。可怜[⑱]白发生！

◎注释

①陈同父：《全宋词》、现行教材中均作“陈同甫”。陈同甫，即陈亮。见前一首《贺新郎·把酒长亭说》辛弃疾《自序》部分。

②赋壮词以寄之：《全宋词》作“赋壮语以寄”。赋：写作。壮词：雄壮的词。

③看剑：抽出宝剑来仔细查看。语出刘斧《青锁高议》卷三载高言《干友人诗》：“男儿慷慨平生事，时复挑灯把剑看。”

④梦回：梦中回到，梦里遇见。

⑤吹角连营：连绵不断的军营里响起号角声。角：军中乐器，长五尺，形如竹筒，用竹、木、皮、铜制成，外加彩绘，名曰画角。始仅直吹，后用以横吹。其声哀厉高亢，闻之使人振奋。

⑥八百里：本意指牛，这里泛指酒食。语出《世说新语·汰侈》篇：“王君夫（恺）有牛，名八百里驳。”王恺以此牛与人打赌，赌输后杀牛作炙，即把牛肉烤熟了分食。

⑦分麾下炙：把烤熟的牛肉分赏给部下一起吃。麾下：军旗下面，指部下；麾，军中大旗。炙：切碎的熟肉。

⑧五十弦：本指古乐器瑟，这里泛指军中各种乐器。语出《史记·封禅书》：“太帝使素女鼓五十弦瑟，悲，帝禁不止，故破其瑟为二十五弦。”

⑨翻：演奏。

⑩ 塞外声：边塞的音乐，指悲壮粗犷的战歌。

⑪ 沙场：战场。

⑫ 秋：古代点兵用武，多在秋天。

⑬ 点兵：检阅军队。

⑭ 的卢：良马名，古代额部有白色斑点的烈性快马，这里泛指战马。语出《相马经》："马白额入口齿者，名曰榆雁，一名的卢。"《三国志·蜀志·先主传》注引《世语》："刘备屯樊城，刘表惮其为人，不甚信用。曾请备宴会，蒯越、蔡瑁欲因会取备，备觉之，潜遁出。所乘马名的卢，骑的卢渡襄阳城西檀溪水中，溺不得出，备急曰：'的卢，今日厄矣，可努力！'的卢乃一踊三丈，遂得过。"

⑮ 弓如霹雳弦惊：用典借以描写抗金战场的景象。语出《南史·曹景宗传》："景宗谓所亲曰：'我昔在乡里，骑快马如龙，与年少辈数十骑，拓弓弦作霹雳声，箭如饿鸱叫，……此乐使人忘死，不知老之将至。'"霹雳：本是疾雷声，这里比喻弓弦响声很大。

⑯ 了却：完成，了结，把事情做完。

⑰ 天下事：统一国家的大业，这里特指恢复中原的大业。

⑱ 可怜：可惜的意思。

◎译文

酒入愁肠人自醉，醉酒中我拨亮了油灯，深情地端详着我这心爱的宝剑，每一次的梦里，我都能够听到军营里的号角声响成一片。好像我依然在八百里的阵地上把烤熟的牛肉分给部下享用，让乐器奏起雄壮的军乐鼓舞士气。这是当年秋天在战场上检阅军队的盛况又回到了梦里啊。

将士们骑着像的卢一样飞快的战马，离弦的弓箭像惊雷一样震耳。本来是一心想替君王完成收复国家失地的大业，获取生前的荣耀和世代相传的美名。可惜啊如今已成了白发苍苍的老人了！

◎创作背景

宋孝宗淳熙十五年（1188 年）冬天，辛弃疾失意闲居在信州（今江西上饶），与陈亮在铅山瓢泉会见，即第二次“鹅湖之会”。陈亮为人豪迈，议论纵横，自称能够“推倒一世之智勇，开拓万古之心胸”。他先后写了《中兴五论》和《上孝宗皇帝书》，积极主张抗金，因而遭到投降派的打击。这次他到铅山访辛弃疾，留十日。别后辛弃疾写《贺新郎·把酒长亭说》词寄给他，他和了一首；以后又用同一词牌反复唱和。这首词大约作于这一时期。

关于这首《破阵子》标题中“陈同父”，目前大部分版本，包括《全宋词》和现行教材等权威版本均作“陈同甫”。但在同一本《全宋词》中，作者其他几首与陈亮相和的词作，无论是标题或自序，均出现“陈同父”，而非“陈同甫”。故，本书编著者更倾向于作者自序中的“陈同父”即是陈亮的字。

◎赏析

这首词回忆了词人早年抗击金兵的情形，描绘了义军雄壮的军容和英勇战斗的场面，表达了词人杀敌报国、收复失地的理想，抒发了壮志难酬、英雄迟暮的悲愤心情。

“醉里挑灯看剑，梦回吹角连营”，开篇刻画一名醉酒壮汉的形象。第一句用三个连续的、富有特征性的动作，塑造了一个壮士的形象。从动作中去体会人物的内心活动，去想象人物所处的环境，这样的安排意味无穷。“挑灯”的动作点出了时间，“看剑”暗含词人渴望重上前线的愿望，号角声富有催人勇往直前的力量。而那位壮士，正好是统领这些军营的将军，于是，他一跃而起，全副披挂，要把他“醉里”“梦里”所想的一切统统变为现实。

“八百里分麾下炙，五十弦翻塞外声。沙场秋点兵”，突出表现了雄壮的军容，表现了将军及士兵们高昂的战斗情绪。三、四两句本可以不讲对仗，但词人还是用了偶句，偶句太多，容易显得呆板，可是在这里恰恰相反。两个对仗极工而又极其雄健的句子，把将士们神采奕奕、意气昂扬的状态描绘得淋漓尽致。这个“秋”字下得好，既点明了季节，也为将士出征增添了肃杀之气，正当秋高马壮的时候，“点兵”出征，预示了战无不胜的前景。

“马作的卢飞快，弓如霹雳弦惊”，运用比喻的修辞手法描写出惊险壮烈的战斗场面。将士们骑骏马飞奔，快如“的卢”，风驰电掣；拉开强弓万箭齐发，响如“霹雳”，惊心动魄。虽没作更多的描写，但从“的卢马”的飞驰和“霹雳弦”的巨响中，仿佛看到若干连续出现的画面：敌人纷纷落马；残兵败将，狼狈溃退；将军身先士卒，乘胜追杀，一霎时结束了战斗；凯歌交奏，欢天喜地，旌旗招展。

“了却君王天下事，赢得生前身后名”，承接前两句描述的壮烈场面，抒发词人恢复中原的雄心抱负，塑造了一个意气昂扬、抱负宏大的忠勇将军的形象。

“可怜白发生”，结尾突转，从梦境转为现实，在梦境与现实的猛烈撞击中，宣泄出词人壮志难酬的悲愤之情。“可怜”表明梦中刚攀上理想的高峰，忽然一落千丈，跌回冷酷的现实中，词的情感也从高峰猛地跌落下来，原来，那壮阔盛大的军容，横戈跃马的战斗，以及辉煌胜利，千秋功名，不过全是梦境。

这首词气势磅礴，充满了鼓舞人心的壮志豪情。在结构上打破成规，以一种特别的艺术手法来体现辛词的豪放风格和独创精神，是辛弃疾“沉郁顿挫”的典型之作。在声调方面也别具匠心，既用和谐、舒缓的音节，也用拗怒、激越的音节，使和谐与拗怒、舒缓与激越，形成一个既矛盾又统一的词韵，词人运用这种矛盾统一的声调，恰当地表现出其复杂的心理变化和梦想中的战斗准备、战斗进行、战斗胜利等许多场面的转换，收到了绘声绘色、声情并茂的艺术效果，历来被诗家所推崇。

◎轶闻异物录

鹅湖之会

南宋孝宗淳熙二年（1175 年）六月，在信州（今江西上饶市铅山县鹅湖镇）鹅湖寺举行了一次著名的哲学辩论会。此次辩论会由吕祖谦邀集，意图调和朱熹和陆九渊两派争执，实质上是朱的客观唯心主义和陆的主观唯心主义的一场争论。这就是中国思想史上著名的“鹅湖之会”，后比喻具有开创性的辩论会。

鹅湖之会是中国古代思想史上第一次著名的哲学辩论会。朱、陆双方辩论的“为学之方”,表现出朱熹与陆九渊在哲学上的基本分歧点。陆九渊提出“先立乎其大”为出发点,认为自古以来圣人相传的“道统”只是“此心”；主张只有认识“本心”，才犹如木有根，水有源。朱熹认为先于物而存在的“理”在心外，即“宇宙”之间。陆九渊的心学传至明代，经王守仁的发展，形成一个比较精致的哲学体系，世称“陆王心学”。它为程朱理学的进一步发展，在对理获取的途径上提出的不同见解，曾对明清两代思想的发展产生了一定的影响。朱熹的理学博大精深，被后代统治者尊为“大贤”，被学者奉为“万世宗师”，他的学说对后世产生了巨大而深远的影响。

宋孝宗淳熙十五年（1188 年），陈亮往上饶拜访辛弃疾，二人于鹅湖寺相聚数日。期间，两位词人共商恢复大计，畅谈英雄理想，并相互激励，写出数首相互酬答的唱和词。

贺新郎·同父见和，再用前韵

老大[1]那堪[2]说。似而今、元龙臭味[3]，孟公瓜葛[4]。我病君来高歌饮，惊散楼头[5]飞雪。笑富贵，千钧[6]如发[7]。硬语盘空[8]谁来听？记当时，只有西窗[9]月。重进酒[10]，换鸣瑟[11]。

事无两样人心别。问渠侬[12]：神州毕竟，几番离合[13]？汗血[14]盐车无人顾，千里空收骏骨[15]。正目断，关河[16]路绝。我最怜[17]君中宵舞[18]，道“男儿，到死心如铁”。看试手[19]，补天裂[20]。

◎注释

①老大：年纪大。

②那堪：哪能的意思。那：通“哪”。

③元龙臭味：以陈亮比陈登，说他像东汉末年时的陈登那样有湖海之情，自己觉得和他性情趣味相投。元龙：陈登，字“元龙”。

④孟公瓜葛：以陈亮比陈遵，说他像西汉名士陈遵一样豪爽好交游，这一点也与自己十分相投。孟公：陈遵字孟公。瓜葛：指交游。

⑤楼头：楼上。

⑥钧：古代重量单位，一钧合三十斤。

⑦发：头发，指像头发一样轻。

⑧硬语盘空：原意指文章气势雄伟，矫健有力，这里借指词人和陈亮力主收复中原的政治言论，刚直强硬，不合时宜。语出韩愈《荐士》诗：“横空盘硬语，妥贴力排奡（ào）。”

⑨西窗：喻指思念。

⑩进酒：劝饮，敬酒。

⑪鸣瑟：演奏乐曲。瑟：一作“琴”。

⑫渠侬：江浙方言，对他人的称呼，这里指南宋当权者。

⑬ 离合：分裂和统一，这里为偏义复词，指分裂。

⑭ 汗血：指汗血马，古代西域产的一种马，这里比喻人才被埋没和受屈。

⑮“千里”一句：这句话反用这个典故，表示人才生前不被重用，死后才被供起来。语出《战国策·燕策一》：燕昭王即位，卑身厚币以招贤者，欲将以报仇。故往见郭隗先生。……郭隗先生曰：“臣闻古之君人有以千金求千里马者，三年不能得。涓人言于君曰：‘请求之。’君遣之。三月得千里马，马已死，买其首五百金，反以报君。君大怒曰：‘所求者生马，安事死马而捐五百金？’涓人对曰：‘死马且买之五百金，况生马乎？天下必以王为能市马，马今至矣。’于是不期年，千里马之至者三。今王诚欲致士，先从隗始；况贤于隗者，岂远千里哉！”

⑯ 关河：边塞。

⑰ 怜：爱惜，尊敬。

⑱ 中宵舞：这里用以代指词人和陈亮的亲密关系。语出《晋书·祖逖传》：“(祖逖)与司空刘琨俱为司州主簿，情好绸缪，共被同寝，中夜闻荒鸡鸣，蹴琨觉曰：‘此非恶声也。’因起舞。逖、琨并有英气，每语世事，或中宵起坐，相谓曰：‘若四海鼎沸，豪杰并起，吾与足下当相避于中原耳。’”

⑲ 试手：大显身手。

⑳ 补天裂：这里比喻收复破碎的中原，完成统一大业。语出《史记补·三皇本纪》：“女娲氏末年，诸侯有共工氏，与祝融战，不胜而怒，乃头触不周山崩，天柱折，地维绝，女娲乃炼五色石以补天。……于是地平天成，不改归物。”

◎译文

“少壮不努力，老大徒伤悲”，我是老大无成，没什么值得一说的。但如今碰到了你这个如同陈登、陈遵般有着湖海侠气的人，和我最是臭味相投。你来时我正病着，我陪你高歌痛饮，激昂慷慨得似乎楼头上的飞雪都惊散了。别人将功名利禄看得如千钧重，多可笑，我们却把它看得如鸿毛。然而，我们所谈论的收复中原的正义之事，事关国家兴亡的真知灼见，有谁能听见？只有那个只照人间沧桑、不关时局安危的西窗明月。我们谈得如此投机，一次又一次地斟着酒， 一遍又一遍地更换着曲子。

同一件事情，每个人的看法却大不相同。请问你们，我们的国土究竟还要被金人割裂主宰多久？汗血良马拖着笨重的盐车无人顾惜，却要到千里之外用重金收买骏马的骸骨。极目远望，大雪塞途，不能通行。我最敬重你那激昂慷慨的壮烈情怀，你曾说：男子汉大丈夫，抗金北伐的决心至死也要像铁一般坚定。让我们大显身手，把分裂的祖国重新统一！

◎创作背景

宋孝宗淳熙十六年（1189年）春，词人收到陈亮的和词，回忆起去年鹅湖相会时的情景而写下了这首词。前一年冬，陈亮自浙江东阳来江西上饶带湖访问词人，词人和陈亮纵谈天下大事，议论抗金复国，极为投机。陈亮在带湖住了十天，后因朱熹失约，陈亮匆匆别过。辛弃疾思念陈亮，曾先写《贺新郎》一首寄给陈亮，很快陈亮和了一首《贺新郎·寄辛幼安和见怀韵》，词人又和这一首词复陈亮。

◎赏析

这是一首唱和词，在赞美陈亮的宽阔胸襟和高尚品格的同时，着重描写了词人与陈亮怀才不遇的共同苦恼，抒发了他们坚持抗战、志在统一的壮志豪情。

“老大那堪说。似而今、元龙臭味，孟公瓜葛”，开篇用典，用古代豪士比拟陈亮，表达了对陈亮的赞赏。“老大”一句直写心怀，感情极为沉郁，将词人被迫虚度年华的愤懑之情宣泄出来，接着的两句抒发了词人的壮怀，并表明词人只与陈亮思想一致、情投意合，暗含了词人知己极少的孤独之情。

“我病君来高歌饮，惊散楼头飞雪。笑富贵，千钧如发”，回忆陈亮来访与词人畅谈的情形。陈亮到铅山时词人正在病中，一看到知己，立即精神振奋与之高歌痛饮，彻夜长谈，可见二人交情之深。“惊散”一词运用夸张的手法，突出当时的热烈气氛，把两人的英雄气概与狂放精神充分表现出来。他们志在恢复中原，心无俗念，视富贵轻如毛发，笑世人重它如千钧，表明二人胸襟不凡，品德高尚。

“硬语盘空谁来听？记当时，只有西窗月。重进酒，换鸣瑟”，描写相聚时的情景。“硬语”指二位志士力主收复中原的激昂言论，这本是正义的国家大事，但在主和派掌权者眼中却是不合时宜的，所以只能说是“硬语”。抗战志士火一样的热情和刚直狂放的性格与积雪惊堕、孤月窥窗的清寂形成了强烈的对比，形象地写出了在苟安与妥协氛围笼罩下的南宋朝堂上，个别上层主战志士孤雁难飞的艰危处境。“重进酒”写景与叙事胶着一体，充分抒发出翻卷于词人胸中的狂怒之情。“换鸣瑟”说明夜已深，词人内心的孤独与激愤之情不减，只能借酒消愁，听听音乐，以瑟抒恨，充分体现了词人无可奈何的苦闷心情。

“事无两样人心别。问渠侬：神州毕竟，几番离合”，叹息人们立场不同，对待国家破裂的态度也不同。山河破碎，爱国志士痛心疾首，而南宋统治者却偏安一隅，把家耻国难全都抛在了脑后。词人用“事无两样”与“人心别”两种不同意象加以对比，极其鲜明地刻画了南宋统治者苟且偷安的庸懦丑态，尽情抒发了郁勃胸中的万千感慨。“问渠侬”是词人义愤填膺，向统治者发出严厉的质问！“离合”在这里是偏义复词，强调的是“离”，山河一统，自古已然，“合”时多而“离”时少。当政者不思恢复，反而以和议确定了“离”的局面，是何居心！词人以质问的形式，凛然正气，咄咄逼人，足以使统治者无地自容。雄健顿挫的笔力，加重了词的感情色彩，使其更富有艺术感染力。

“汗血盐车无人顾，千里空收骏骨”，这里连用三个典故，控诉当权者糟践人才、摧残主战派人士的恶劣行径。词人认为神州大地不能统一，并不是缺少人才，而是真正的抗战人才不被重用。南宋当权者空喊口号，有志之士长期受到压制，正像拉盐车的千里马困顿不堪而无人过问，徒然去购置骏马的尸骨又有何用。词人连用三个典故，非常曲折而又贴切地表达了郁勃心头而又不便明说的不平。一个“空”字，集中表达了词人对朝中当政者打击排斥主战派种种行为的无比愤恨。“千里空收骏骨”，表现出笔力劲健、感情沉郁、意境雄浑博大的艺术功力。

“正目断，关河路绝”，词人触景生情，由大雪塞途联想到通向中原的道路久已断绝，金兵至今还占领着中原，山河隔断，南北分裂，慨叹收复大业寸步难行。这是对南宋当权者长期苟安的严厉谴责，流露出词人极度的愤懑之情。

“我最怜君中宵舞，道‘男儿到死心如铁’。看试手，补天裂”，结尾笔锋一转，表达对陈亮的敬佩之情。山河分裂的惨痛局面，激起了词人收复中原的热情。词人把陈亮比作祖逖，刻画出一个坚贞不屈、慷慨激昂、以天下为己任的爱国志士的光辉形象，表达了对陈亮慷慨激昂的战斗精神的赞赏。又以女娲补天的神话作结，更加坚定了词人统一祖国的信念，笔健境阔，格调高昂。全词的意境也最后被推向高潮，给人以极大的艺术感染力。

这首词大量用典，浑化无迹；感情饱满，形象鲜明；气势雄放苍凉，慷慨悲壮，呈现出极其浓郁的浪漫主义色彩，形象地反映了词人与陈亮在思想一致的基础上所结成的战斗友谊。

◎轶闻异物录

汗血宝马

汗血宝马是阿哈尔捷金马的别称，原产于土库曼斯坦，是经过三千多年培育而成的世界上最古老的马种之一。它四肢修长，皮薄毛细，步伐轻盈，具有力量大、速度快、耐力强等优点。根据中国《史记》记载，汗血马并不在土库曼斯坦。张骞出使西域时，在大宛国（今费尔干纳盆地），曾经见过一种良马，这种马的耐力和速度都十分惊人，不但能日行千里，更会从肩膀附近位置流出像血一样的汗液，故称“汗血宝马”。汗血马虽然速度较快，但是它体形纤细，在古代，大将骑马作战更愿意选择粗壮的马匹，这也是汗血马在古代中国消失的原因。

世界上有三种纯种马：汗血马、阿拉伯马和英国马。其中汗血马是最纯的马种，阿拉伯马和英国马都有汗血马的血统和基因。汗血马从古至今繁衍生息，从未断过血脉，在土库曼斯坦、俄罗斯、哈萨克斯坦、乌兹别克斯坦都有阿哈尔捷金马，总数量为三千匹左右，其中两千多匹都在土库曼斯坦。古代作战用的马匹多数被阉割，使一些优秀的战马失去了繁殖后代的能力。自古以来人们为掠夺此马经历过无数次战争。

鹊桥仙·己酉[1]山行书所见

松冈避暑，茅檐避雨。闲去闲来几度[2]？醉扶怪石看飞泉，又却是、前回醒处。

东家娶妇，西家归女[3]。灯火门前笑语。酿成千顷稻花香，夜夜费、一天风露。

◎注释

① 己酉：宋孝宗淳熙十六年（1189 年），词人此时闲居带湖。

② 几度：几回，几次。

③ 归女：嫁女，古时女子出嫁称“于归”。

◎译文

炎热的夏季我在松岗中躲避酷暑，在茅檐下躲避风雨，这样的来来回回已经有多少次了？喝醉了酒扶着嶙峋的怪石，注视着眼前飞流直下的瀑布，醉眼蒙眬中，突然发现，这原来是以前醒酒的地方。

村子东边有一户人家在娶妻，西边有一户人家出嫁的女儿回来省亲，两家门前都灯火通明，亲友云集，一片欢声笑语。千顷稻花飘散出清香，这是一个个夜晚，费尽满天的清露酿造而成的啊！

◎创作背景

宋孝宗淳熙十六年（1189 年），五十岁的辛弃疾罢官居于江西上饶，这首词就是描写词人在上饶山野中旅行时的所见所闻。

◎赏析

这是一首以农村生活为背景的抒情小词。

“松冈避暑，茅檐避雨，闲去闲来几度”，点明风景优美的地方是自己常常游玩之地。两个“避”字和一“去”一“来”用得十分巧妙，说明词人是多次光顾此地，喜欢田园风光的心情溢于言表，这几个动词的使用使得画面动态横生。“闲”字的两次使用，更显出游玩兴致之高。这三句格调清新，用笔自然，全不着力，却自见“闲来闲去”的情趣。

“醉扶怪石看飞泉，又却是、前回醒处”，描写词人在路上的醉态。这里的细节描写十分逼真，扶怪石，看飞泉。既描写了人的动态，又刻画出景物的特征。“又”和“却”两个虚词，活画出醉眼蒙眬之中对旧游之地“似曾相识”的惊喜之态。

“东家娶妇，西家归女，灯火门前笑语”，用典型的生活细节，转写农村风情，描写农村嫁娶的热闹场景。男婚女嫁是农民生活中的一件大事，好日子往往是经过精心挑选的，所以“娶妇”和“归女”碰到一块了。“笑语”一词用动态描写点染热闹场面，用字准确精练，语浅意明，形象地勾勒出一幅农村风俗嫁娶图，富有浓烈的生活气息。

“酿成千顷稻花香，夜夜费、一天风露”，描写的是丰收的场面，通过对即将成熟的农作物的赞美，补画出农家欢乐的美好背景，流露出词人对农村丰收景象的由衷喜悦，情调和谐，使本来喜气盈盈的欢腾气氛，更上一层楼。

全词淡笔浓墨兼用，情境交融，相互衬托，使词的意境显得十分清新、旷逸，反映出词人超脱的感情和不凡的艺术功力。

◎轶闻异物录

智者乐水，仁者乐山

智者乐水，仁者乐山，就是以山水形容仁者智者，形象生动而又深刻。正如朱熹在《论语集注》里所说:“没有对仁和智极其深刻的体悟,绝对不能作出这样的形容。”圣人智仁双全，所以，作此形容的专利权非他莫属。

智者也就是聪明人。聪明人通达事理、反应敏捷而又思想活跃，性情好动就像水不停地流一样，所以用水来进行比拟。仁者也就是仁厚的人。仁厚的人安于义理，仁慈宽容而不易冲动，性情好静就像山一样稳重不迁，所以用山来进行比拟。

不过，你如果问一般人乐水还是乐山，所得到的回答多半是山水都乐。无论是古代或现代,“乐”字都有两种常见的用法：一是用作名词，意为“音乐”。一是用作形容词,意为“快乐”。但“仁者乐山”的“乐”却有所不同。这句话见于《论语·雍也》:“知者乐水，仁者乐山。”意思是说：智慧的人爱好水，仁德的人爱好山。两个“乐”字都是带宾语的动词，意为“喜好，爱好”。

清平乐·博山道中即事

柳边飞鞚[①](kòng)，露湿征衣重。宿鹭窥沙孤影动，应有鱼虾入梦。

一川明月疏星，浣纱人影娉婷[②]。笑背行人归去，门前稚子[③]啼声。

◎注释

①鞚：马笼头，这里代指马。

②娉婷：形容女子姿态美好的样子。

③稚子：指小孩，幼儿。

◎译文

骑着马儿从柳树边疾驰而过，柳枝上的晨露打湿了衣裳，衣衫一下子就变重了。芦苇丛中，一只白鹭在那儿打盹，不时地眯着眼像在沙面窥探，身子也在不停地摇晃，它大概正在做一个鱼虾游到跟前的美梦吧。

夜深人静时，望天上银河，月明星稀，年轻的妇女在溪边浣纱，在月光的照耀下，她那美丽轻盈的身影映在水中和沙上。宁静的村舍门前忽然响起孩子的哭声，正在溪边浣纱的母亲立即起身往家赶，路上遇见陌生的行人，只羞怯地低头一笑，随即背转身匆匆离去。

◎创作背景

这首词的具体创作时间不详。江西永丰县西二十里有座博山，山中泉石清奇，林谷苍翠，还有雨岩、博山寺等名胜古迹，是个风景绝佳的地方。辛弃疾闲居上饶时，曾多次去此山游览，并写了多首脍炙人口的纪游词，这首《清平乐》即其中之一。

◎赏析

这首词通过描绘栖宿在芦苇丛边的白鹭和水边浣纱的女子，勾画出一幅清新的农村风景图，表达了词人对清新淡雅的自然风光的喜爱和对淳厚朴实的民情风俗的赞赏。

“柳边飞鞚，露湿征衣重”，描写在山道中夜行的情景。柳密露浓原是静景，但词人却借露湿征衣的动态之美来表现，比直写其静态美更觉真实而多彩。同时，这里既表现出山道上柳密露浓，景色优美，也表现出行人心情舒畅，虽觉衣衫湿重，但游兴仍然很高。

“宿鹭窥沙孤影动，应有鱼虾入梦”，描写行经河滩旁边所见之景。词人由宿鹭眯眼假寐的生动画面想象到它梦见了鱼虾，虽是想象之辞，但又合情合理，极富情趣。词人既能极细致地观察又能极深微地体会，因而写的如此生动、多趣。

“一川明月疏星，浣纱人影娉婷”，描写女子溪边浣纱的情景。在月光的照耀下，女子那美丽轻盈的身影映在水中和沙上，词人使用的语句极其简约平淡，却能把环境和人物写得清雅、秀丽、洁净，风韵悠然。

“笑背行人归去，门前稚子啼声”，描写女子羞赧归去的场景。宁静的村舍门前忽然响起孩子的哭声，正在溪边浣纱的母亲立即起身往家赶，路上遇见陌生的行人，只羞怯地低头一笑，随即背转身匆匆离去，这真实而自然的描绘，不但给画面增添了浓厚的生活情味，而且生动地表现了山村妇女淳朴温良的心性和略带几分羞涩的天真。

整首词通篇都是写景，无一抒情，但又处处融情于景中，寄意于言外。写作上采用白描手法，上片写物，下片写人，一静一动，互相映衬，绘成了一幅情景俱胜的溪山夜景长卷，表现出一种清幽淡远而又生机蓬勃的意境，使人读之宛若身历其境。且篇幅虽短，意境清新，语言质朴，别有一番幽情奇趣，具有很高的审美价值。

◎轶闻异物录

“浣纱”诗词典故

春秋战国时期，越国有一个叫西施的，是个浣纱的女子，五官端正，粉面桃花，相貌过人。她在河边浣纱时，清澈的河水映照她俊俏的身影，使她显得更加美丽，这时，鱼儿看见她的倒影，忘记了游水，渐渐地沉到河底。从此，西施这个“沉鱼”的别号，在附近流传开来。后世用“沉鱼”来形容女子的美貌。浣纱也代指西施。西施与杨贵妃、王昭君、貂蝉为中国古代四大美女，其中西施居首，是美的化身和代名词。

西施，原名夷光，春秋战国时期出生于浙江诸暨苎萝村，天生丽质。时越国称臣于吴国，越王勾践卧薪尝胆，谋复国。在国难当头之际，西施忍辱负重，以身许国，与郑旦一起由越王勾践献给吴王夫差，成为吴王最宠爱的妃子，把吴王迷惑得众叛亲离，无心国事，为勾践的东山再起起了掩护的作用，表现了一个爱国女子的高尚思想情操。后吴国终被勾践所灭，而西施却失去了音信。有一说法是吴被灭后，她与范蠡泛舟五湖，不知所终。

踏莎行·庚戌[①]中秋后二夕带湖篆冈[②]小酌

夜月楼台，秋香院宇。笑吟吟地人来去。是谁秋到便凄凉？当年宋玉[③]悲如许。

随分[④]杯盘，等闲[⑤]歌舞。问他有甚堪悲处？思量[⑥]却也有悲时，重阳节近多风雨。

◎注释

①庚戌：宋光宗绍熙元年（1190 年）。

②篆冈：地名，带湖旁的一个小山坡。

③宋玉：战国时楚国的著名诗人，屈原的学生。

④随分：随意，随便。

⑤等闲：平常，普通。

⑥思量：思考，细细想来。

◎译文

朗朗的月光照耀着夜幕下的楼阁，满院果香四溢。秋收的欢乐气氛中人们笑盈盈地来来往往。是谁一到秋天就悲伤凄凉？当年的宋玉就是如此悲伤。

不要在意饭菜酒肉如何，随意就好，对待歌舞享乐也要看得平淡。还有什么可以悲伤的地方？仔细想来却也有悲伤的时候，重阳节快到了，可这连日的秋风秋雨使人感到格外的凄凉。

◎创作背景

宋光宗绍熙元年（1190 年），词人闲居带湖。当时南宋的国力很弱，随时面临着金兵南进的威胁，特别是在秋高马肥的季节；词人一生力主抗金北伐，并提出有关方略，却都没有被采纳，词人此时内心五味杂陈，在中秋节刚刚过后，面对夜幕下的山村，人们沉浸在丰收的喜悦之中，而词人却因壮志难酬，在带湖别墅的一个小山坡上，一边喝着小酒，一边即兴写下这首词。

◎赏析

这是一首描写江西东北部农村秋夜景色的小词，通过对时节变化的描写反映了词人对现实生活的感慨。

“夜月楼台，秋香院宇”，开篇描写带湖秋夜的景色。这两句以工整清丽的句式描绘出迷人的夜景，在清凉幽静的篆风，秋月映照着树木荫蔽的楼台，秋花在庭院里散发着扑鼻的幽香，秋夜如此可爱，这就与历来多愁善感地写悲秋词章的文人唱了反调，为下文铺垫蓄势。

“笑吟吟地人来去”，转写景中之人，七个字除了一个名词“人”之外，全用动词与副词，衬以一个结构助词“地”，使得人物动态活灵活现,欢乐之状跃然纸上,为下文的转折做足铺垫。

“是谁秋到便凄凉？当年宋玉悲如许”，活用典故，用设问的方式否定了一般文人见秋即悲的孱弱之情，并将宋玉作为一个典型，代指历来悲秋的文人，以助自己抒情的笔势。“当年”二字，在表面上是词人对宋玉有微词，实际上他也瞧不起那些现实生活中多愁善感的弱者，有一语双关之妙。

“随分杯盘，等闲歌舞。问他有甚堪悲处”，承上文进一步说秋不足悲。“杯盘”“歌舞”两个词正面点到了题目中的“小酌”，但要表现的思想，重点则落在“随分”“等闲”几个字上，似乎很旷达，但仔细体会起来，却有一点牢骚的味道。“问他有甚”是诘问，意思却是确定无疑的：不足悲，表明到此铺垫已经很多，蓄势也已十分充足，该是打开真情流泻的闸门，让思想的浪峰纵情奔流的时候了。

“思量却也有悲时，重阳节近多风雨”，结尾反跌，跌出了这首词悲秋的主题思想，且把上面大部分篇幅所极力渲染的“不必悲”“有甚悲”等意思全盘推翻了。“近多风雨”，北宋诗人潘大临曾写过“满城风雨近重阳”的名句，词人化用这个诗句，忧虑重阳节快到时，那多风多雨的天气会给人的生活带来很大的不方便，更不用说看月赏花了；这里的“风雨”是双关，也是比兴，它指自然界的风雨，也暗喻当时的政治形势，担心金兵于秋高马肥之时前来进攻。至此我们可以知道词人的悲秋有更深刻的政治原因、更广泛的社会意义，他是为国家、为民族的命运而悲秋，他所抒写的是对当时整个政治、军事形势的忧虑。

这首词用比兴手法，明写对节序的态度，暗写对政局的关注，气度从容；文法上曲折多变，欲擒欲纵；巧妙地采用前人诗句，辞意含蓄，寄托了词人对国家政治的感慨。

◎轶闻异物录

宋 玉

宋玉（约前 298 —前 222），字子渊，战国末期辞赋家。生于屈原之后，据说是屈原弟子，曾事楚顷襄王，因父子矛盾而出走楚国，平生酷爱辞赋，既懂音乐亦善于写文章，是继屈原之后又一伟大的辞赋家，与同时代的唐勒、景差齐名。他所作辞赋甚多，流传下来的作品有《九辩》《风赋》《高唐赋》《登徒子好色赋》《神女赋》等。所谓“下里巴人”“阳春白雪”“曲高和寡”“宋玉东墙”的典故皆由他而来。宋玉的成就虽然难与屈原相比，但他是屈原诗歌艺术的直接继承者。在他的作品中，物象的描绘趋于细腻工致，抒情与写景结合得自然贴切，在楚辞与汉赋之间，起着承前启后的作用。后人多以屈宋并称，李白曾说“屈宋长逝，无堪与言”，可见宋玉在文学史上的地位。

沁园春·再到期思[①]卜筑[②]

一水西来，千丈晴虹，十里翠屏[③]。喜草堂经岁[④]，重来杜老，斜川[⑤]好景，不负渊明。老鹤高飞，一枝投宿，长笑蜗牛戴屋行[⑥]。平章[⑦]了，待十分佳处，著个茅亭。

青山意气峥嵘[⑧]。似为我归来妩媚[⑨]生。解[⑩]频教花鸟，前歌后舞，更催云水，暮送朝迎。酒圣诗豪[⑪]，可能无势，我乃而今驾驭[⑫]卿[⑬]。清溪上，被山灵[⑭]却笑，白发归耕。

◎注释

①期思：地名，在铅山县境内，原名奇师，由辛弃疾改名期思，具体位置在今铅山县稼轩乡横板村瓜山脚下，著名的瓢泉就在这里，辛弃疾赴福建任职之前曾来此地居住。

②卜筑：选地盖房。卜：占卜的意思。古人盖新居有请卜者看地形，相风水以定宅地的习俗，也称卜宅、卜居。

③翠屏：比喻四周苍翠的山岭像树立的屏风一样。

④经岁：一年以后，这里泛指若干年后。

⑤斜川：地名，在今江西省都昌县附近，是个风景优美的地方，陶渊明居浔阳柴桑时，曾作《斜川诗》。诗前有小序略记其与邻居同游斜川的情景。这里词人自比陶渊明，并以期思比作斜川。

⑥蜗牛戴屋行：蜗牛是一种很小的软体动物，背有硬壳，呈螺旋形，似圆形之屋，爬动时如戴屋而行。这里是用以嘲笑那些目光短浅、死守家园的人。

⑦平章：筹划，品评。

⑧峥嵘：指山势高峻不凡的样子。

⑨妩媚：原指女子姿态姣好，这里是形容青山秀丽。

⑩ 解：理解、懂得。

⑪ 酒圣诗豪：酒中的圣人，诗中的豪杰，这里指酷爱诗酒的人。

⑫ 驾驭：主宰，统率。

⑬ 卿：“你”的美称，这里指自然山水。

⑭ 山灵：山神。

◎译文

在翠色屏风般围绕的万山中，一条水从西边流出，在山间形成巨大的瀑布，宛如千丈白虹，从晴天垂下。草堂经过一年的修建已经好了，真让人欢喜。我像杜甫一样第二次来到草堂。这里的风光像斜川那样美丽，总算没有辜负热爱山水的陶渊明。我像高飞天空的老鹤一样，有一条可以栖息的树枝就满足了。我嘲笑那些像蜗牛似的背着壳到处爬行的人。对期思这个地方的建筑，我都筹划过了，待我找一个最佳的地方，建一个小茅草亭子。

巍巍青山险峻挺拔，气势磅礴，一片生机，像是为了欢迎我回来。为了排解忧愁，青山不断地调教花鸟唱歌跳舞，更能驱遣云和水，暮送朝迎我来这里游玩。酷爱诗酒的人，虽然已经失去了权势，但是我告诉花、鸟、云、水，我仍然可以统率你们。我站在清清的溪水上面，被山神看见了，它竟嘲笑我，说我的头发白了，已经是个罢职回家种田的人了。

◎创作背景

宋光宗绍熙五年（1194年），辛弃疾在福建安抚使任上，再次被弹劾而罢官，第二年回到上饶。辛弃疾罢居带湖时，曾在期思买得瓢泉，以后常往返于带湖、瓢泉之间，这次回到期思，意在营建新居，这首词就作于此时。

◎赏析

这首词描写了期思优美的自然景色和词人重回田园时的欣

喜之情，同时也借期思卜筑的所见，隐含着仕途受挫的感慨。

“一水西来，千丈晴虹，十里翠屏”，总览了期思的地形和风景。这三句句式工整而又气势壮阔，二、三两句对偶精严，写景如画。用“翠屏”写山，表现出山的秀丽；用“千丈晴虹”形容瀑布，化动为静，化力为美，而在美中依然有足够的气势。开篇把期思这个小山村的地理环境形容得雄奇秀逸，流露出词人不胜欣喜之情。

“喜草堂经岁，重来杜老，斜川好景，不负渊明”，连用两个典故，借杜甫经乱之后得以重回他心爱的成都草堂的喜悦，和陶渊明隐居柴桑时对斜川的赞美，来表明自己类似的心情。“喜”字,领起一个参差对仗的“扇面对”,直接点明自己的喜欢，从中看不出词人被罢官的失意，说明词人与上次被罢免的心态已有不同，对于官场这块“鸡肋”似乎无所留恋。

“老鹤高飞，一枝投宿，长笑蜗牛戴屋行”，用动物作比，以带有浓郁感情色彩的议论，表明自己随遇而安的旷达人生态度。词人以那戴屋而行、为物所累的蜗牛作对比，表达了对那些不肯卸下物质重担的愚蠢者的嘲讽。

“平章了，待十分佳处，著个茅亭”，点明了词人此行的意图。词人到这里来是为了择佳地以著屋，这里是承接上文描绘期思的美和欣喜而来，同时又为下文“卜筑”在此做好铺垫。

“青山意气峥嵘。似为我归来妩媚生”，总写青山对自己归来的欢迎。这两句遥接开篇的“十里翠屏”一句，再次突出青山的浓郁青翠。这里赋予青山以人的性格和感情，高峻的青山本来是意气峥嵘、颇不趋俗的，现在为了欢迎自己回来，竟然显出一副妩媚的样子，使得词情顿时摇曳生姿。

“解频教花鸟，前歌后舞，更催云水，暮送朝迎”，采用一系列拟人化的手法来描写花鸟云水，十分幽默风趣并极富艺术感染力。这几句以一个“解”字领起，专写青山的妩媚。青山懂得驱使花鸟云水，对词人频频前歌后舞，暮送朝迎，殷勤盛情之状可掬，足以令自己乐而忘忧。本来是自己喜欢这山中风光，见到花歌鸟舞、云水来去十分欢欣，可是词人偏翻转来说，从青山的角度来描写，这样的描写愈见词人对这自然风光的陶醉之情。

“酒圣诗豪，可能无势，我乃而今驾驭卿”，描写词人主宰驾驭自然风景的愿望。这里承前句佳山好水对词人的逢迎而来，词人对山水的留恋之深，竟油然升起驾驭它的豪情。在这里，词人以酒圣诗豪自居,以主宰山水自许,表现出他的豪迈。然而，词人以山水主人自命，也隐含着无所事事，一腔才情只落得驾驭山水的悲凉。

“清溪上，被山灵却笑，白发归耕”，借山神的耻笑，来表达自己一事无成的悲叹，虽是词人的自嘲之词，却反映出英雄岁暮、壮志难酬的一腔悲凉之感，与前文明快喜悦的调子形成强烈的对比，产生一个出人意料的跌宕，暗示词人政坛失意后的深悲巨痛，表露出词人不甘退隐的牢骚情怀。

全词即兴抒怀，指点山河，妙用比喻和拟人手法，造出一个雄奇妩媚兼容的意境，风格旷放而豪迈，具有辛词的特色。

◎轶闻异物录

占卜

占卜是一种推断未来吉凶祸福的手法。占卜的由来源自原始先民对于事物的发展缺乏足够的认识，因而借由自然界的征兆来指示行动。但自然征兆并不常见，必须以人为的方式加以考验，占卜的方法便随之应运而生。古人一般以微观与宏观的联系为原理，用龟壳、蓍草、铜钱、竹签、纸牌或占星等手段和征兆来推断未来的吉凶祸福。它和预言不同的地方在于，通常会出现模棱两可的答案，让占者去找出一种合理的解释。占卜是一种普世文化现象，具有仪式性或社会性的特色，通常与宗教有关。人类学家发现从古代到当今 21 世纪都可以在宗教与文化中发现占卜的存在。不过，基督教《圣经》中说占卜是被上帝严格禁止的，佛教中也有与基督教类似的提法，唯措辞不如前者严厉；但事实上，社会中假借宗教名义进行的占卜和类似占卜的活动屡见不鲜。

水龙吟·老来曾识渊明[1]

老来曾识渊明，梦中一见参差[2]（cēn cī）是。觉来幽恨，停觞（shāng）不御[3]，欲歌还止。白发西风，折腰五斗[4]，不应堪[5]此。问北窗高卧，东篱自醉，应别有，归来意。

须信此翁未死。到如今，凛然[6]生气。吾侪[7]（chái）心事，古今长在，高山流水[8]。富贵他年，直饶[9]未免，也应无味。甚东山[10]何事，当时也道，为苍生[11]起。

◎注释

①渊明：陶潜，字渊明，东晋大诗人。

②参差：好像是，仿佛是。

③停觞不御：停下酒杯不喝。觞：酒杯。御：用，进，这里引申为饮。

④折腰五斗：据《宋书·陶潜传》记载，陶渊明为彭泽县令，县吏告诉他应该穿上公服、束上官带去拜见督邮，陶渊明感叹道："我岂能为五斗米折腰向乡里小儿。"于是解印挂冠，辞官回乡。五斗，指微薄的俸禄。

⑤堪：忍受。

⑥凛然：严肃而令人敬畏的样子。

⑦吾侪：我辈，我们。

⑧高山流水：指知音关系。

⑨直饶：纵然，即使。

⑩东山：东晋大臣谢安，曾隐居东山。

⑪苍生：黎民百姓。

◎译文

现在，我人到老来时，反而认识到陶渊明的高妙，仿佛在梦中见到的就是他的身影。醒来后，便觉得满腔幽怨，放下酒杯想唱支歌，又开不了口。你白发归隐面对西风，不为五斗米折腰，本不应忍受这样的屈辱。夏天在北窗前高卧乘凉，秋天在东篱旁自醉，你的归隐有更深的意义含在其中，绝不只是逸致闲情。

我坚信这位先哲并未死去，到今天仍是一身正气，凛然如生。我们虽然相隔古今，却心事相同，志在高山流水有知音。即使今后我难免出来做官，但荣华富贵已无味可品。为什么隐居东山的谢安又要出仕？人们都说是为了黎民百姓。

◎创作背景

这首词约作于宋光宗绍熙五年（1194年）。那年辛弃疾已经五十五岁，秋天又被罢官退居瓢泉，于是满腹心事，一腔幽怨，一发而不可遏止，遂引归耕隐居的陶渊明为知音，作下此词。

◎赏析

这首词既赞扬了陶渊明的高风亮节，也表达了词人对他的景仰之情，同时又通过描写陶渊明的归隐，表达出词人自己宁可在田园耕作中而终也不同流合污的高尚情操。

“老来曾识渊明，梦中一见参差是”，开篇引出人物，写在梦中相识陶渊明。词人与陶渊明性格各异，本来志趣不同，而词人却说他们已有了神交，并在梦中见过面了，让人感到突兀、惊诧，但词人并没有故作惊人之笔，而是以平静的语气叙述，轻描淡写，把深沉的感情隐匿在叙述文字的背后。“老来”二字是特指，说明词人驱驰战马、奔波疆场的年轻时代，与脱离尘嚣、回归自然的陶渊明大概是无缘的，而只有在词人受到压抑与排挤、壮志难酬的老年时代，才有机会“相识渊明”，这就为全词奠定了基调。

“觉来幽恨，停觞不御，欲歌还止”，直抒胸臆，写出了词人的沉痛心情。“幽恨”是那样强烈和沉重，竟使得词人酒也不饮，歌也不唱，接着引出下文。

“白发西风，折腰五斗，不应堪此”，这三句解释对陶渊明倾慕的原因。原来是他那耿直正派、不为五斗米折腰的高风亮节折服了词人。这里一方面赞美陶渊明的品格，另一方面也表露出对他的遭遇的同情和惋惜。

“问北窗高卧，东篱自醉，应别有，归来意”，进一步揭示自己钦佩陶渊明的深层原因。陶渊明归乡隐居，表面上是为了过悠然自在的生活，实际上还有着别人不知道的“归来意”。词人别具眼光，一反世俗认为陶渊明只是一个飘逸静穆的隐士的浅见，点明陶渊明隐退是因为看不惯黑暗现实，只好采取洁身自好的态度，而并非忘了人世，忘了国家与事业。这里实际上是借说陶渊明而暗示自己此时的心境。

“须信此翁未死。到如今，凛然生气”，赞扬陶渊明虽死犹生，精神永在，是自己效法的榜样。“到如今”一句暗用《世说新语·品藻》“廉颇、蔺相如虽千载上死人，懔懔恒如有生气”来赞美陶渊明，足见词人对陶渊明的钦佩。

“吾侪心事，古今长在，高山流水”，写词人与陶渊明之间有共同的思想和生活情趣。词人用了“高山流水”的典故，来说明他同陶渊明之间是千古知音，为何能成为知音，就在于对“富贵他年”所持的态度，接着引出下文的论述。

“富贵他年，直饶未免，也应无味”，进一步挑明与陶渊明精神上的共同点。词人自认为学到陶渊明的精神和节操后，对待“富贵他年”已如草芥，即使将来还可能做官，也会觉得官场毫无趣味。

“甚东山何事，当时也道，为苍生起”，结尾用谢安的典故，表明自己的志向。如果日后东山再起，绝非为了荣华富贵，而只是为了解除国家人民的苦难而起。词人虽然退隐山林多年，但字里行间仍流露出对祖国人民命运的担忧。

全词将叙述、抒情、议论紧密结合，语言朴实厚重，格调恬淡清和，在辛词中别具一格。这首词没有壮志凌云、激越慷慨的感情，而是把一切都看得如此闲淡无谓，如此不屑一顾，这绝不是词人的本意，而是词人对现实政治的失望与哀叹，是时代的悲剧。

◎轶闻异物录

“高山流水”典故

相传春秋时期，俞伯牙擅长于弹奏琴弦，钟子期擅长于听音辨意。一日，伯牙来到高山游览时，突然遇到了暴雨，只好滞留在岩石之下，弹奏琴曲。在山上砍柴的钟子期恰好也在附近躲雨，驻足倾听，发出由衷的赞赏。俞伯牙原本内心对其有些不屑，心想一个樵夫怎么会懂我的琴声。于是伯牙凝神于高山，赋意在曲调之中，钟子期听后频频点头称赞：“好啊，巍巍峨峨如同高峻的大山。”伯牙又沉思于水，隐情在旋律之外，子期听后，在一旁击掌称绝：“妙啊，浩浩荡荡如同江河奔流。”伯牙每奏一支琴曲，子期都能听出其中的情趣和意旨，伯牙万分惊讶，遂和钟子期结为知音。

虞美人·赋虞美人草[①]

当年得意如芳草。日日春风好。拔山[②]力尽忽悲歌。饮罢虞兮从此、奈君何。

人间不识精诚苦。贪看青青[③]舞。蓦然敛袂[④](mèi)却亭亭[⑤]。怕是曲中犹带、楚歌声[⑥]。

◎注释

①虞美人草：罂粟科草本植物名，初夏开花，花朵艳丽。旧时传说虞美人草听人唱《虞美人曲》便枝叶摇动，仿佛应拍起舞。

②拔山：比喻力气大。

③青青：这里代指虞姬。

④敛袂：整理衣袖，在这里是罢舞的意思。

⑤亭亭：形体挺拔的样子。

⑥楚歌声："四面楚歌"的意思。语出《史记·项羽本纪》："项王军壁垓下，兵少食尽，汉军及诸侯兵围之数重。夜闻汉军四面皆楚歌，项王乃大惊曰：'汉皆已得楚乎？是何楚人之多也！'"

◎译文

人在青春年少时，好像芳草天天得到春风的吹拂，真是一个春风得意啊。而在四面楚歌时，痛饮悲歌，高唱着哀歌和虞美人诀别。虞美人为了忠贞于爱情，在无可奈何下，唱完和歌自刎。

现在的人们哪里还懂得精诚报国之人的苦心。众人只知欣赏美妙舞姿，却不解其内心的悲楚。美人忽然收敛舞袖，停止舞蹈，笔挺地站着不动。恐怕是伴奏的舞曲还带有楚歌的声音，使其伤感往事而不再舞了。

◎创作背景

这首词创作于宋宁宗庆元元年（1195年）。词人被弹劾去职、闲居带湖，在此期间他常到博山游览。博山风景优美，词人却无心赏玩。眼看国家危机，自己却无能为力，一腔愁绪无法排遣，创作此词。

◎赏析

这是一首咏虞美人草的词，通过描写霸王别姬的故事，慨叹英雄末路，抒发词人怀才不遇、壮志难酬的悲愤。

“当年得意如芳草。日日春风好”，开篇描写项羽当年春风得意的场景。开门见山，将项羽当年在反抗暴秦的浪潮中趁机而起的雄风，用“芳草”来比喻，既生动形象，富有诗情画意，又贴近词题，非常得体。

“拔山力尽忽悲歌。饮罢虞兮从此、奈君何”，转写项羽由强变弱、由盛转衰和霸王别姬的场景。“拔山句”化用项羽的悲歌，突出场面的壮烈，浑化无痕，自然地引出后一句。虞姬以死相酬，对项王的忠诚之心，可歌可泣！这两句承上启下，和开首两句形成强烈的对比，自然地过渡到下片。

“人间不识精诚苦。贪看青青舞”，赞赏虞美人草。虞美人草被虞姬的精诚感化，听到虞美人曲，竟应拍而舞。千载之下，犹见虞姬对项王的忠诚，然而世人却不理解这一点，只是“贪看青青舞”，辜负了虞美人的一片苦心，可悲可叹。联系词人的身世与处境，不难发现词人在这里是有深意的，词人是借此来讽刺和规劝南宋君臣不要沉溺于歌舞生活，而应发愤图强，收复失地，重振国威，表达了词人恢复国家理想落空的遗憾和无人能解的生命慨叹。

“蓦然敛袂却亭亭。怕是曲中犹带、楚歌声”，运用拟人手法和心理描写的方式，推测虞美人草不舞的原因，赋予了虞美人草以人的感情色彩，含蓄蕴藉，真挚动人。“敛袂”描绘虞美人草静止不动，犹如美人整整衣袖，停止歌舞，既增加了意趣，又让人觉得格外生动。后一句解释“敛袂”的原因，“楚歌”引起虞姬怀旧的情绪而不忍卒舞。

全词构思新颖，以议论为主，写得既豪放又婉约，是咏物词中的佳作。

◎轶闻异物录

霸王别姬典故

公元前 202 年，项羽和刘邦争夺天下，项羽被困垓下，刘邦手下有不少人会唱楚歌，项羽几番突围失败，兵孤粮尽，夜晚听到四面楚歌，以为楚地尽失，楚营里的将士们听见家乡的歌声，军心涣散，也都纷纷逃窜。项王看大势已去，心如刀绞，他什么也不留恋，只惦记着爱妾虞姬。两人饮酒帐中，不由得唱起了悲伤的《垓下歌》：“力拔山兮气盖世，时不利兮骓不逝。骓不逝兮可奈何，虞兮虞兮奈若何！”虞姬凄然起舞，含泪唱起《和垓下歌》：“汉兵已略地，四方楚歌声。大王意气尽，贱妾何聊生！”

虞姬的《和垓下歌》，既是历史上少见的绝命悲歌，也是爱情的悲歌，为了让项羽不再有牵挂，虞姬唱完《垓下歌》便拔剑自刎。项王悲恸万分，在仓促间只能草草掩埋了虞姬，随即带领八百骑兵连夜突围而出，被汉军追至乌江边。乌江亭长说江东还是西楚霸王的地方，汉军没有船，让霸王渡江等待东山再起。然项王说，自己当年与江东八千子弟出征，已全部战死，自己亦不愿苟活人世，并无颜面再见江东父老，谢绝了乌江亭长的好意。

项王将乌骓马送予乌江亭长引渡，然后率领二十八名子弟兵与汉军再次拼杀。项羽一人就杀死汉军几百人，自己也负伤十多处，于是慷慨地自刎在乌江边。

西江月·遣兴[①]

醉里且贪欢笑，要愁那[②]得工夫。近来始觉古人书。信著全无是处[③]。

昨夜松边醉倒，问松“我醉何如[④]”。只疑松动要来扶。以手推松[⑤]曰“去”。

◎注释

① 遣兴：指诗文随性而作，以抒发情怀。

② 那：通“哪”。

③ 信著全无是处：意思是完全相信古人书上的话是错的。语出《孟子·尽心下》：“尽信书，则不如无书。”

④ 我醉何如：我醉得怎么样了。

⑤ 以手推松：意思是用手推开松树。语出《汉书·龚胜传》：“博士夏侯常见胜应禄不和，起至胜前谓曰：‘宜如奏所言。’胜以手推常曰：‘去！’”

◎译文

既然已经喝醉了我就尽情欢笑，哪里有闲工夫整日发愁？近来我才明白，完全相信古人书上的话是错的。

回想起昨天晚上我醉倒在松树旁，问松树“我醉得如何？”我疑心松枝摆动是要把我扶起，连忙用手一推说：“去！”

◎创作背景

这首词当作于宋宁宗庆元年间（1195—1200），时值辛弃疾闲居瓢泉。此时南宋朝廷只图享乐，不思恢复，现实昏暗，是非颠倒。词人忧心如焚，一肚子不合时宜，又不便明言，于是创作此词以发泄胸中愤懑。

◎赏析

这首词借醉酒表达词人对现实社会和自身处境的不满，抒发了怀才不遇、壮志难酬的伤感和愤慨，表现出词人耿介、旷达的性格。

“醉里且贪欢笑，要愁那得工夫”，开篇描写词人醉酒的状态。“醉”字出现了三次，从字里行间流露出这“欢笑”比痛哭还要悲哀，表明词人因力主抗金而不为南宋统治者所用，内心的苦闷和忧愁无法排解，想借酒醉后的笑闹来忘却忧愁。“那得工夫”是反话，实际上是骨子里的愁太多，愁也愁不完。这样的描写把词人内心的极度忧愁深刻地反映了出来，比用山高水长来形容愁显得更加深切。

“近来始觉古人书。信著全无是处”，进一步抒写愤激的情绪，虽是“醉话”，但醉话不等于胡言乱语，而是词人的愤激之言。孟子曾说过：“尽信书，则不如无书。”本意是说古书上的话难免有与事实不符的地方，未可全信，而词人却说古人书中的话都是不可信的，表面上是否定一切古书，其实这只是词人发泄对现实的不满情绪而故意说的偏激话，是针对南宋朝廷中颠倒是非的状况而说的 。词人借醉后狂言，很清醒地从反面指出了南宋统治者完全违背了古圣贤的教训。

“昨夜松边醉倒，问松‘我醉何如’。只疑松动要来扶。以手推松曰‘去’”，形象地描写了一个戏剧性的醉态场面。先交代时间是在“昨夜”，地点是在“松边”。这次醉后竟与松树对话，问松树自己醉得如何，这是醉态之一。以松树为友，可见知音极少。自己醉后摇晃，却以为松树摆动；明明是自己扶着松树站起来，却说松树要扶他，这是醉态之二。最后是用手推开松树，命令它走开，表现独立不倚的倔强性格，这是醉态之三。这些醉态写得非常逼真，可谓惟妙惟肖，但这不拘形迹的醉态，实际上都是表现出对现实的一种反抗。

这首词粗看，正如标题所示，是一时即兴之作，但仔细品味，你会发现词人是在借诙谐幽默之笔发泄内心的不平，是由于社会现实的黑暗而令词人忧心忡忡，但是，他的满腹牢骚和委屈，不便明说却又不能不说，所以只好借用这种方式，来畅快淋漓地宣泄他的真情实感。

整首词的语言明白如话，文字生动活泼，表现手法新颖奇绝，充分体现了词人晚年清丽淡雅的词风。

◎轶闻异物录

瓢泉

辛弃疾卜居铅山时，在期思村发现此泉，决定在此修建新居。因其形状如瓢，故取孔子“一箪食，一瓢饮，在陋巷，人不堪其忧，回也不改其乐，贤哉回也”的含意，取名为瓢泉。瓢泉是辛弃疾晚年故居所在，附近有关的历史遗迹有：稼轩府堂、养生塘、稼轩花园、停云堂、秋水观、稼轩公馆、斩马桥和辛弃疾墓等。瓜山下有吴氏宗祠，是当年的“稼轩府堂”旧基，稼轩府堂是辛弃疾会客处。稼轩曾进宝谟阁、龙图阁待制，当地人至今仍称他为辛阁老。养生塘是辛弃疾放养青蛙之所，被当地群众称为蛤蟆丘。辛词《南歌子·新开池，戏作》：“散发披襟处，浮瓜沉李杯。涓涓流水细侵阶。凿个池儿唤个月儿来。”即指此塘。稼轩公馆是当年辛弃疾起居处，在瓢泉南石塘河与紫溪河汇合处，现有一大型建筑群遗址，当地人称为稼轩公馆。稼轩公馆原为三进九厅，今仅有一房的三根粗大木柱及木门为当年遗物。此外，在五堡洲村还散存 了大量稼轩公馆的石墩、石板、青砖、木柱等建筑遗物。如今的瓢泉已经被列为县级重点文物保护单位。

玉楼春·戏赋云山

何人半夜推山去[①]？四面浮云猜是汝。常时[②]相对两三峰，走遍溪头无觅处[③]。

西风瞥起[④]云横度[⑤]，忽见东南天一柱[⑥]。老僧拍手笑相夸，且喜青山依旧住[⑦]。

◎注释

①“何人”句：意思是不知道是谁半夜把山推走了。语出《庄子·大宗师》：“夫藏舟于壑，藏山于泽，谓之固矣，然而夜半有力者负之而走，昧者不知也。”推山：把山推走，这里指浮云遮山。

② 常时：平常，平时。

③ 无觅处：遍寻不见。

④ 瞥起：骤起，忽然而起。

⑤ 云横度：浮云横飞。

⑥ 天一柱：天柱一根，指青山。

⑦ 依旧住：还在这里。

◎译文

是谁在半夜把山推走了？抬头一望都是浮云，我猜是浮云做的吧。平时相对而视的几座山峰，现在找遍溪头也找不到它们的踪迹。

猛然间西风呼呼狂吹，浮云横飞，忽然看到东南方向有一座高山。老僧拍着手笑着夸赞，庆幸青山依旧还在这里。

◎创作背景

宋宁宗庆元二年（1196年），由于上饶带湖的寓所毁于火灾，辛弃疾迁居铅山境内的瓢泉新居。这首词作于词人入住新居当年的秋冬之交。

◎赏析

这首词主要写瓢泉周围的云山奇景，描写了自然景物的变化过程。

“何人半夜推山去？四面浮云猜是汝”，开句点题，以自问自答的方式写抬头不见山的遗憾。“推”字用得巧妙，非常切合青山被浮云所笼罩的景象。“猜”字不仅和起句的诘问语气相吻合，而且还使全韵灵动活泼，声情若揭。不直接说浮云遮住青山，而是使用拟人手法说它趁着深夜偷偷把山推走了，设想奇特，角度新颖，很容易使读者联想到词人那种翘首凝望、喃喃自语的情态。

“常时相对两三峰，走遍溪头无觅处”，通过描写四处寻找青山的行动，表现词人因青山被浮云遮覆的忧虑与失望之情。词人之所以如此执着地寻觅“常时相对”的青山，是因为青山是他闲居瓢泉期间的知音，也是他光明磊落人格的真实写照。然而“走遍溪头”都未曾找到，词人的情绪失落到极点，为下文的转折做好铺垫。

“西风瞥起云横度，忽见东南天一柱”，采用夸张的手法描写与青山重逢的场景。笔锋一转，景象与上阕全然不同，平时与之相亲相爱的青山像擎天巨柱一般岿然耸立在东南天际，词人内心的喜悦之情可以想见。“瞥起”和“忽见”两个动词，反映出词人在刹那间的感情变化，传达了词人拨云见天的惊喜之情。

“老僧拍手笑相夸，且喜青山依旧住”，借山中老僧之口赞扬青山常在，云雾终究遮不住。通过老僧之喜来映衬词人之喜，这样的描写不仅多一层曲折，而且还丰富了词境，说明热爱青山、关心青山是否依旧的，正大有人在，那老僧就是其中之一。结尾两句蕴含哲理，反映了词人乐观旷达的胸怀和积极向上的生活态度。

这首词格调乐观、清新活泼，词人抓住自然界客观景物的顷刻间的变化，以轻快明朗的笔调抒发了自己的内心感受，语言诙谐，寓意深刻，反映了词人落职闲居期间积极乐观的一面。

◎轶闻异物录

青山在古诗词中的意象

山的静穆与宏远，对中国人有着永远的吸引力。古人说：智者乐水，仁者乐山。“青山”意象在诗词中频繁出现，它是诗人们借以栖息身心的家园。

“青山”在诗词中常象征着故乡。山脉通常是人类居住环境中最恒定、最醒目的存在之一，雄浑沉稳的青山让游子感到无比亲切，故乡山脉的轮廓是游子心中最清晰的印痕。“青山”在诗词中常象征着知己。人事往来成代谢，青山却容颜不改，万古长存，它的亘古不变启发人们超越俗世名利，永葆初心；青山宽广旷达的胸怀让人留恋，令人向往；“青山”的清幽秀美象征着隐居生活，表达返璞归真的渴望；“青山”的高大伟岸象征着高远志向，抒发豪情壮志。

诗人们喜欢以“青山”意象入诗，除了山性和山形本身的吸引外，也源自他们对“青”字本身的喜爱。在汉语表示颜色的词汇中，“青”是最抒情、最富有诗意的颜色之一，甚至在很多时候被用来暗示一种缠绵哀婉的情感。

沁园春·灵山[①]齐庵[②]赋，时筑偃湖[③]未成

叠嶂西驰[④]，万马回旋，众山欲东。正惊湍[⑤]（tuān）直下，跳珠[⑥]倒溅，小桥横截，缺月初弓[⑦]。老合[⑧]投闲[⑨]，天教多事，检校[⑩]长身十万松。吾庐小，在龙蛇影[⑪]外，风雨声中。

争先见面重重。看爽气朝来[⑫]三数峰。似谢家[⑬]子弟，衣冠磊落[⑭]，相如[⑮]庭户，车骑雍容[⑯]。我觉其间，雄深雅健[⑰]，如对文章太史公[⑱]。新堤路，问偃湖何日，烟水濛濛？

◎注释

① 灵山：山名，位于江西上饶境内，山势雄伟，姿态秀美。

② 齐庵：庵名，在灵山上，四周是茂密的松树林，是词人游山小憩的地方。

③ 偃湖：辛弃疾在灵山下新修筑的湖，时未竣工。

④ 叠嶂西驰：重重叠叠的山峰，像万马奔腾一般向西疾驰而去。

⑤ 惊湍：急流，这里指山上的飞泉瀑布。

⑥ 跳珠：飞泉直泻时溅起的水珠。

⑦ 缺月初弓：形容横截水面的小桥像一弯弓形的新月。

⑧ 合：应该，应当。

⑨ 投闲：指离开官场，过闲散的生活。

⑩ 检校：考察、管理。

⑪ 龙蛇影：指松树的影子。

⑫ 爽气朝来：带来清爽的朝气。

⑬ 似谢家：这里是以东晋大族谢家子弟着装的庄重大气、美丽鲜明比喻山的仪容。

⑭ 磊落：开朗洒脱而又落落大方的样子。

⑮ 相如：指西汉辞赋家司马相如。

⑯ 车骑雍容：这里是形容灵山的山峰像司马相如的车骑那样雍容闲雅，气度不凡。

⑰ 雄深雅健：代指雄放、深邃、高雅、刚健的文章风格。

⑱ 太史公：司马迁，西汉著名史学家和文学家，任太史令，被后世尊称为太史公。

◎译文

重峦叠嶂绵延不绝，向西望去逶迤的群山像千万匹奔驰的骏马一路向西飞驰而去，忽又要掉头向东回旋而来。恰似把急流而下的泉水吓得立刻直直地落下来了，跳跃着的水珠四处飞溅；一座小桥横架在急流之上，像不圆的月亮和刚拉开的弓。人老了应当过上闲散的日子，可老天教我多事，来掌管十万棵高大的松树。我的房舍虽小，但房舍外都是一些如盘龙蛇影一样的古老松林，每日都可以听到如风雨在咆哮的松涛声。

清晨起床，漫山遍野弥漫着好大的浓雾，什么也看不见，待到云雾消散，重重叠叠的峦嶂露出了它们的真面容，恰似要争着和人见面;早晨清新凉爽的空气,从一座座山峰中扑面而来。那些高耸入云的峰峦好像是谢氏家族的世家子弟，个个衣冠楚楚、潇洒英俊；又好像是司马相如的车骑一般雍容华贵。其实，我觉得这些叠翠的山峦，雄浑深沉，典雅劲健，有如司马迁的文章一样。在刚刚修好的偃湖大堤上，我想问问偃湖，你哪一天能够展现出你那烟水浩渺、雾气腾腾的美好景色？

◎创作背景

宋宁宗庆元二年（1196 年），辛弃疾二度落职闲居带湖，这首词约作于此时。

◎赏析

这是一首山水词，描写了灵山的环境，抒发了词人对山水的热爱之情。

“叠嶂西驰，万马回旋，众山欲东”，开篇气势宏伟，描写了灵山千峰万壑的景象。“西驰”“万马”“欲东”等是运用夸张和比喻的修辞，将山峰比喻成千千万万匹矫健的骏马，仿佛在广阔的草原上来回奔驰，这种描写使静止的山活起来了，动起来了，生动形象而又气势磅礴。

“正惊湍直下，跳珠倒溅，小桥横截，缺月初弓”，采用夸张和比喻的手法描写近处的瀑布、小桥，展现出一幅飞瀑直下，溅起无数晶莹的水珠，如万斛明珠弹跳反射般的迷人美景，更有一弯新月似的小桥，横跨在那清澈湍急的溪流上，而词人犹如一位高明的画师，在莽莽苍苍丛山叠嶂的壮阔画面上，重抹了几笔韶秀温馨的情韵。

“老合投闲，天教多事，检校长身十万松”，明明是在描写茂密的松树林，词人却把这无边无垠、葱葱郁郁的松树林想象成英勇善战、所向无敌的战士，自己老了本应过闲散的生活，可是老天爷却要他来统率这支十万长松大军。然而，在这诙谐的笑语中，隐藏着多少痛苦，词人内心深处有一份报国无门的孤愤无处诉说，借此自我解嘲一番。

“吾庐小，在龙蛇影外，风雨声中”，描写词人在自己的美庐中静听松涛的惬意之情。每当皓月当空，可以看到如龙蛇般盘屈的松树影，又可以听到声如风雨的万壑松涛，别有一番情趣。在这样壮观的松树林里，显得词人的结庐愈加的小，也就更突出了松树林的大，词人对于自然的热爱之情溢于言表。

“争先见面重重。看爽气朝来三数峰。似谢家子弟，衣冠磊落，相如庭户，车骑雍容。我觉其间，雄深雅健，如对文章太史公”，词人连用了三个立意新颖、构思别致的比喻描写青山的千姿百态：以谢家的超群出众，来形容挺拔轩昂的山峰；以司马相如雍容华贵的气派，形容其态度大方、从容不迫；以太史公雄放、深邃、高雅、刚健的文风，形容群山的美姿。表面上看来，这两两相比的东西，似乎不伦不类，风马牛不相及，而它们在精神上却有某些相似之点，可以使人生发联想。这种独特的比喻，真可说是出神入化，新颖别致。

“新堤路，问偃湖何日，烟水濛濛”，结尾以景结情。在词人心目中，灵山结庐，美妙无穷，于是他关切地打听修筑偃湖的计划，并油然而生一种在此长居的打算。

这首词不同于一般的描写山水之作，它极少实写山水的具体形态，而是用虚笔传神写意，如写山似奔马、松似战士，写得龙腾虎跃、生气勃勃，实际上也是词人永不衰息的斗争性格的写照。整首词用典自然，语既超旷，意又平和，新奇健雅，韵味无穷，表现出了词人的磊落胸怀，而词人这种传山水之神的写意笔法，在山水文学上开创了一代先河，值得后人仿效。

◎轶闻异物录

司马迁

司马迁，西汉史学家、文学家，司马谈之子，字子长，夏阳（今陕西韩城西南）人。生于汉景帝中元五年（前145年），一说生于汉武帝建元六年（前135年），卒年不可考。

年幼的司马迁在父亲的指导下习字读书，十岁时已能阅读诵习古文《尚书》《左传》《国语》等书。二十岁时，从京师长安南下漫游，足迹遍及江淮流域和中原地区，所到之处考察风俗，采集传说。回京后得仕为郎中，成为汉武帝的侍卫和扈从，多次随驾西巡，曾出使巴蜀。元封三年（前108年），司马迁继承其父司马谈之职，任太史令，掌管天文历法及皇家图籍，因而得读史官所藏图书。太初元年（前104年），与唐都、落下闳等共订《太初历》，以代替由秦沿袭下来的《颛顼历》，新历适应了当时社会的需要。此后，司马迁开始撰写《史记》。后因替投降匈奴的李陵辩护，获罪下狱，受腐刑。

司马迁出狱后任中书令，继续发愤著书，终于完成了《史记》的撰写。这是中国第一部纪传体通史，对后世史学影响深远。《史记》语言生动，形象鲜明，被鲁迅誉为“史家之绝唱，无韵之离骚”。

贺新郎·甚矣吾衰矣

邑[①]中园亭，仆[②]皆为赋此词。一日，独坐停云[③]，水声山色，竞来相娱，意溪山欲援例者，遂作数语，庶几[④]仿佛渊明思亲友之意云。

甚矣吾衰矣[⑤]。怅平生[⑥]、交游零落，只今馀几！白发空垂三千丈，一笑人间万事。问何物、能令公喜[⑦]？我见青山多妩媚，料青山、见我应如是。情与貌，略相似。

一尊搔首东窗[⑧]里。想渊明《停云》诗就，此时风味。江左[⑨]沉酣求名者，岂识浊醪[⑩]（láo）妙理。回首叫、云飞风起[⑪]。不恨古人吾不见，恨古人不见吾狂耳[⑫]。知我者，二三子[⑬]。

◎**注释**

①邑：指铅山县。

②仆：自我的谦称。

③停云：停云堂，是词人瓢泉别墅内的堂名。

④庶几：差不多。出自《易·系辞下》："颜氏之子，其殆庶几乎？"

⑤甚矣吾衰矣：是孔子感叹自己衰老的话，词人借来感叹自己壮志难酬的苦闷之意。语出《论语·述而》之句"甚矣吾衰也！久矣吾不复梦见周公"。

⑥怅平生：词人谪居瓢泉新居后，好友陈亮、韩元吉等人均已离开人世，这让仕途不顺的词人更加孤独、惆怅。

⑦能令公喜：此处是词人信手拈来，以人喻物、以物喻己。典出《世说新语》："王恂、郗超并有奇才，为大司马所眷拔。恂为主簿，超为参军。超多须，恂短小。荆州为之语曰：'髯参军，短主簿，能令公喜，能令

公怒。'"

⑧ 搔首东窗：化用陶渊明《停云》诗，自得之意。搔首：挠头、烦急的样子。

⑨ 江左：长江以东，原指江苏的南部，这里代指东晋。

⑩ 浊醪：浊酒。

⑪ 云飞风起：比喻南宋统治阶层无力稳定江山社稷，使国家战乱四起。化用刘邦《大风歌》的首句："大风起兮云飞扬。"

⑫ "不恨"句：语出《南史·张融传》"不恨我不见古人，所恨古人又不见我"。

⑬ 二三子：只有几个人。语出《论语》："二三子以我为隐乎。"

◎译文

我在铅山境内的期思渡瓢泉修建了一座带有园、亭的住所，我特意为这座新居写作这首词。一天，我一个人坐在"停云堂"中，看到眼前的湖光山色，它们似乎是特意争先恐后地来取悦于我。我特别喜欢这里的山溪清泉、青山翠岭，就想找到好的诗句来描绘它们。也想到了多个词句，我觉得差不多有点像陶渊明在他的《停云》诗序中所言，是"思亲友之意"吧。

唉！我已经是很老很老了。曾一同出游的朋友如今都零落四方，已经没有剩下几个了，这真的令人好感慨啊！这么多年了就这样白白地老去空留白发三千丈呀，却功未成名未就呀，可笑这人世间的万事百态啊。请问，还有什么东西、什么事情能让我感到快乐呢？只有我看青山美丽多姿，想必青山看我也是一样吧。不论情怀还是外貌，我和这里的巍巍青山都差不多吧。

手持一壶老酒，捋一把白发，对着窗前的风景，吟诗，怡然自得。想当年陶渊明写《停云》诗的时候，大概就是我这样的感受吧。江南那些在醉酒中都渴求功名的人，是根本体会不到饮酒的真谛的。在酒兴豪起的时候，回过头去朗吟长啸："大风起兮云飞扬。”我并不怨恨不能见到那些桀骜不驯的前人，只恨前人不能见到我的癫狂。了解我的，也就只有那么几个知心朋友。

◎创作背景

这首词约作于宋宁宗庆元四年（1198年），此时辛弃疾被罢官闲置已四年，是他闲居在信州铅山（今属江西）时的作品，仿效陶渊明的《停云》诗，特为瓢泉新居的“停云堂”所题写。

◎赏析

这首词叙述了词人面对青山产生的种种思绪，感慨岁月流逝、知音稀少的沉闷心情，反映了词人落职后的寂寞心境和对时局的深切怨恨。

“甚矣吾衰矣。怅平生、交游零落，只今馀几”，开篇直抒胸臆，叹息年华飞逝而知己半零落。“甚矣吾衰矣”引用《论语》中的典故，慨叹岁月易逝、政治理想却无法实现的无奈。“怅”字写出了词人难觅知音的孤独与迷惘，充分体现了词作沉郁的意境。

“白发空垂三千丈，一笑人间万事。问何物、能令公喜”，连用典故，将词人的豪情在忧愤中显现。诗人自言虚度岁月，壮志难酬，他的悲愤是理所当然的，可他却对此付之一笑，这份豪情与旷达无人能及。接着词意一转，以设问的方式承上启下，引出下文，信手拈来，颇具风趣。

“我见青山多妩媚，料青山、见我应如是。情与貌，略相似”，这几句回答了上文的设问，是全篇的警策。词人将青山拟人化，将青山写得有情有义；虽知己零落，词人与青山面貌相同、情感相同，将深情倾注于青山，互为知己，互观互赏，互相宽慰，深感孤独寂寞却偏不承认。这样的顿挫曲折之笔，比起尽情宣泄，更深刻地揭示孤寂幽单的处境，也委婉地表达了词人宁愿落寞，也决不与奸人同流合污的高洁之志。

“一尊搔首东窗里。想渊明《停云》诗就，此时风味”，词人化用陶渊明的诗，暗示出“思亲友”的题旨。词人坐在东窗之下等待友人，心烦意乱，频频举杯自饮。遥想陶渊明当年饮酒的情境，词人感叹已无人像陶渊明那般知酒。这里又提到陶渊明，意在以陶自况，将他引为异代知己。

“江左沉酣求名者，岂识浊醪妙理”，词人以南朝比南宋，讽刺这些江左名士不过是一群沽名钓誉之徒，不过是纵酒颓废，哪里懂得饮酒的奥妙，将词句从歌颂高洁志士转而批判追名逐利的小人。词人对这种人深恶痛绝，绝不同流合污，对朝廷也是失望至极。

“回首叫、云飞风起”，这句是对“妙理”的发挥，化用刘邦的《大风歌》，表明自己饮酒时，心中所想仍是国家大事，表达了自己统一国土的豪情壮志。这一句是下阕的转折，词境到这里变得开阔，语调也由哀婉悲凉变为雄劲奔放。

“不恨古人吾不见，恨古人不见吾狂耳”，借张融典故，表达了词人世无知音、言行不被理解的苦闷之情。这里的“狂”，显示了词人难觅知音而心中愤慨不平，道尽了词人特立独行的超逸豪放，抒发了词人胸中的慷慨激越之情，尽管词人的笔锋所向是针对黑暗的现实，表达得却很含蓄、曲婉，耐人寻味。

“知我者，二三子”，结尾再次感叹知音稀少，与开篇相照应，加重了词人的孤独感。

全词感情浓烈，波澜起伏，在悲凉的气氛中表现出词人放荡不羁的风格，且词中几乎句句用典，却能熟练地将所化用的典故与自己的词句浑然一体，足见词人的千锤百炼之功。

◎轶闻异物录

陶渊明与《停云》

陶渊明（365—427），东晋诗人、辞赋家、散文家。字元亮，又名潜，私谥“靖节”，浔阳柴桑（今江西九江）人。曾任江州祭酒、镇军参军、彭泽令等，后去职归隐，绝意仕途。长于诗文辞赋，诗多描绘田园风光及其在农村生活的情景，其中多隐寓有对污浊官场的厌恶和不愿同流合污的精神，以及对人生短暂的焦虑和顺应自然、乐天安命的人生观念，有较多哲理成分。其艺术特色兼有平淡与爽朗之胜；语言质朴自然，而又颇为精炼，具有独特风格。他是中国第一位田园诗人，被称为“古今隐逸诗人之宗”。

《停云》诗约作于晋安帝元兴三年（404年）春，当时陶渊明闲居于家乡浔阳柴桑（今江西九江）。诗中没有用典，而是模仿《诗经》的形式，运用比兴的手法和复沓的章法，通过对自然环境的烘托描写，和不能与好友饮酒畅谈的感慨，充分抒发了诗人对好友的深切思念之情。同时，诗中“八表同昏”“平路伊阻”“平陆成江”等诗句，则暗寓着诗人对艰难世道的忧心。

瑞鹤仙·赋梅[①]

雁霜[②]寒透幕。正护月云轻，嫩冰[③]犹薄。溪奁[④]（lián）照梳掠[⑤]。想含香弄粉，艳妆难学。玉肌瘦弱[⑥]，更重重、龙绡[⑦]衬著。倚东风[⑧]，一笑嫣然，转盼万花羞落。

寂寞。家山[⑨]何在？雪后园林，水边楼阁。瑶池旧约[⑩]。鳞鸿[⑪]更仗谁托？粉蝶儿只解[⑫]，寻桃觅柳，开遍南枝未觉。但伤心，冷落黄昏，数声画角。

◎注释

①赋梅：为梅而赋，意思是颂扬、赞美梅花。

②雁霜：是“霜雁”的倒装用法，比喻大雁在秋末冬初的霜季穿云破雾而行回到了南方，可是，刚刚到了初春的季节，又要飞回到北方去，而此时，似乎在它们的身上还有南归时染上的秋霜。语出韩偓《半醉》诗：“云护雁霜笼澹月，雨连莺晓落残梅。”

③嫩冰：薄冰。

④溪奁：溪水像镜子一般。奁，古代妇女梳妆用的镜匣。

⑤梳掠：梳妆打扮。

⑥玉肌瘦弱：这里是写瘦梅，月下寒梅如笼纱佳人一般清瘦。语出苏轼《洞仙歌》：“冰肌玉骨，自清凉无汗。”

⑦龙绡：即鲛绡，传说里海中鲛人所织的一种细洁名贵的纱。

⑧倚东风：想象春风中的梅花。

⑨家山：家乡。

⑩瑶池旧约：化用李商隐《瑶池》“瑶池阿母绮窗开，《黄竹》歌声动地哀。八骏日行三万里，穆王何事不重来”诗意。瑶池：传说为西王母居处。

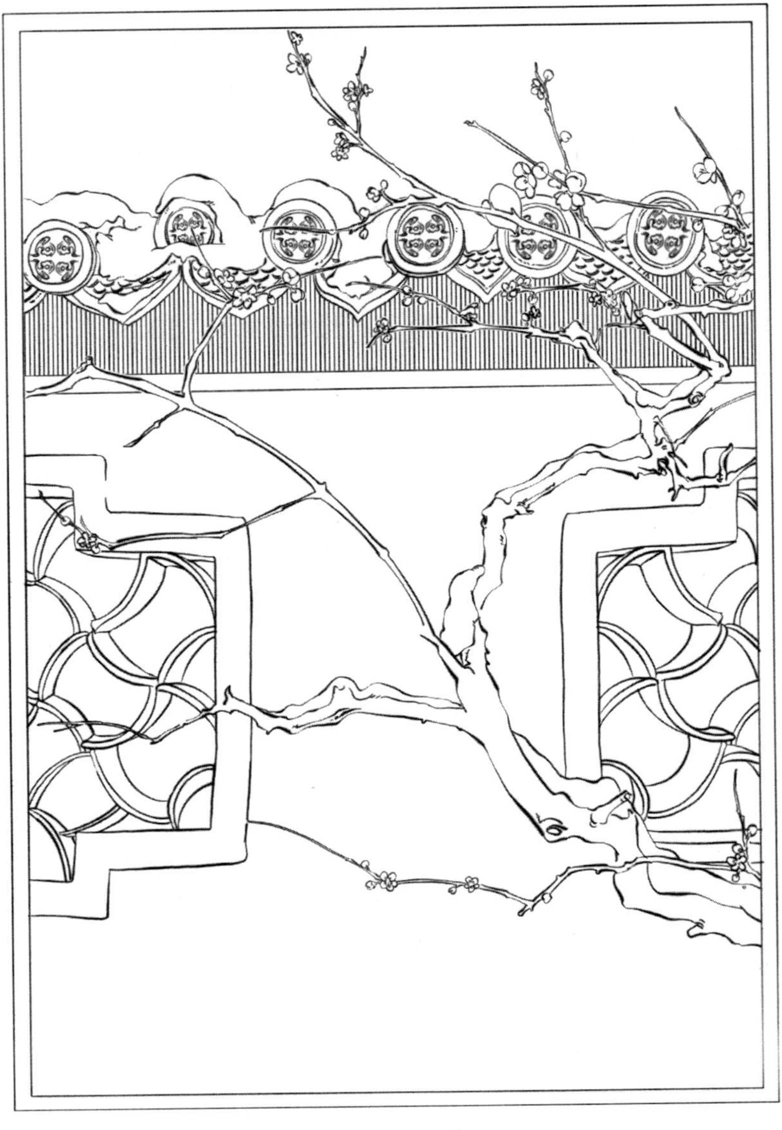

⑪ 鳞鸿：指鱼和雁。鱼，语出自汉乐府《饮马长城窟行》：“客从远方来，遗我双鲤鱼，呼童烹鲤鱼，中有尺素书。”雁，语出《汉书·苏武传》。汉昭帝时遣使匈奴，云汉天子在上林苑得雁，足系有帛书，言武所在，匈奴王不得已，将苏武放归。这里代指书信。

⑫ 只解：只知道，只会。

◎译文

初春季节的天幕上南归的鸿雁凌寒而飞。可现在还是云轻月冷、层冰未消的时候啊。溪边的梅花却将溪水当成镜子在照，正梳妆打扮自己。她们天生含香，无需涂脂抹粉，富丽的气质是学不成的。梅花冰清玉洁，清癯朗润，在朦胧的月色下，梅花更像头戴轻纱的佳人一般，超凡脱俗。春风中的梅花，嫣然一笑，就把顾盼生辉的百花羞愧得纷纷凋落了。

真的好寂寞啊。故乡啊你在哪里呀？在雪后的园林中，在水边的楼阁上。虽有瑶池旧约，但谁能帮我捎去书信？粉蝶只懂得亲近桃柳，梅花开满了满枝却都没有发觉。只留下被冷落的梅花在黄昏中暗自神伤，发出声声无奈的叹息。

◎创作背景

这首词作于宋光宗绍熙三年至绍熙五年（1192—1194），词人在闽中任上。

◎赏析

这是一首咏梅词，通过描写梅花的形神和遭遇，暗示了词人伤世之感和关怀国家之痛，表现出磊魄不平之气。

“雁霜寒透幕。正护月云轻，嫩冰犹薄”，开篇为梅花营造出一个寒意袭人的恶劣环境。“寒透幕”描写梅花所处的环境，虽霜寒来袭，但没到坚冰难忍的时期，天上的白云似乎对冷冷清清的明月，具有同情心而予以遮护，教她保持纯洁的心灵，前途是大有可为的。这样的环境特别富有抒情暗示性，为下文抒情状物做好铺垫。

“溪奁照梳掠”，描写梅花以溪为镜，在寒夜里梳妆打扮的情景。承上文所说，现在寒气还不是十分严重，不如对着镜面般的清泉从容梳掠，作好“一笑嫣然”的准备，生动形象，空灵蕴藉，令人联想。

“想含香弄粉，艳妆难学”，描写梅花在溪头打扮的动人风采。梅花在寒夜的溪头上，幽远其香，明艳其色，她那天然绝色的美丽,是任何靠装扮而成的美人也学不出的。一个“想”字，化实为虚，变奇怪为合理，表明梅花对溪水而梳掠，这化身为人的动作形态只是词人的想象。“艳妆难学”突出梅花的冰清玉洁和孤高气质，体现出词人对梅花的赞赏。

“玉肌瘦弱，更重重、龙绡衬著”，描写梅花清新高雅的姿态。“玉肌瘦弱”营造出一种弱不禁风的形象，“更”字又将这种形象加重，羸弱的外表与坚强的内心形成反差，突出梅花的品格高洁。

“倚东风，一笑嫣然，转盼万花羞落”，将梅花放到春天和百花相比,突出梅花的高贵品质。词人以“一笑嫣然”“转盼”“倚”等描写梅花，是以描写美人的笔法来描绘梅花的仪态和神韵，妥帖自然,生动形象。梅花被表现得如此之美,为下片调转笔头，抒写梅花的寂寞命运蓄势。

“寂寞。家山何在？雪后园林，水边楼阁”，写梅花的不幸遭遇。“寂寞”是点睛之笔，一语定调，揭示了溪上梅花的精神状态。“雪后”二句是借用北宋高士林逋“雪后园林才半树，水边篱落忽横枝”的诗意，暗示“富贵非吾愿”“栖隐亦非所期”的微旨。之前生在园林里、楼阁边的高贵寒花，如今在这野地里孤影单只，对比之下，愈显当下处境之凄凉。

“瑶池旧约，鳞鸿更仗谁托？”这里承上文而来，以梅花的口吻来反问，表明了梅花失意冷落的忧伤。梅花本来和天上瑶池有一个旧约，可是现在沦落至此，谁肯为她捎信给约会的另一方呢？这里梅花与天上瑶池之间的“旧约”，其比兴意义与《离骚》以男女之约寓君臣之约一样，传达着词人政治不遇的深沉痛苦，显示出隐约难达的衷情。

“粉蝶儿只解，寻桃觅柳，开遍南枝未觉”，描写梅花的悲惨命运。粉蝶只顾着寻桃问柳，对于绽放满枝的梅花却不屑一顾，梅花的命运一降再降，显示出词人无比伤心的感受。“南枝向暖北枝寒”是有名的咏梅诗句，词人借来暗示当时北方的起义军，倾心南向，时机一失，大事就不复可为的情境，表达了词人内心的焦灼与失望之情。

“但伤心，冷落黄昏，数声画角”，这几句是以景结情，传达出一种悲苦的心境。“伤心”一词，是花的自怜，是人的怜惜，花情与人情浑融一体，无法分辨。“冷落黄昏”是从林逋的名句“暗香浮动月黄昏”七字中截取而来，与发端的“护月云轻”遥相激射。画角声中，再一凝想南来征雁，此情此景正自难堪。

全词使用了拟人、想象、烘托等手法，从梅花未开写到将落，层次分明，在梅花的形象中投射着词人自己的心理感受、精神寄托，借梅而抒怀，具有极强的艺术感染力。

◎轶闻异物录

苏武

苏武（前 140—前 60），字子卿，杜陵（今陕西西安东南）人，代郡太守苏建之子。早年凭父亲苏建的庇荫，与兄长苏嘉、弟弟苏贤皆官拜郎中，后升任移中厩监。汉武帝时期，汉朝不断讨伐匈奴，双方关系时好时坏。天汉元年（前 100 年），匈奴政权新单于即位，尊大汉为丈人，汉武帝为了表示友好，派遣苏武率领一百多人出使匈奴，持旄节护送扣留在汉的匈奴使者回国，顺便送给单于很丰厚的礼物，以答谢单于。不料，就在苏武完成出使任务，准备返回时，匈奴发生了内乱，苏武一行受到牵连，被扣留下来，并被要求背叛汉朝，臣服单于。无论是威逼利诱还是严刑拷打，苏武都决不屈服。于是单于把苏武流放到西伯利亚的贝加尔湖一带牧羊，并扬言要公羊生子方可释放他回国。在贝加尔湖，苏武牧羊长达十九年之久。在昭帝始元六年（前 81 年），历尽千辛万苦的苏武终于获释归汉，长安百姓都出门迎接，称赞他是个有气节的大丈夫。苏武去世后，汉宣帝将其列为麒麟阁十一功臣之一，彰显其节操。

浣溪沙·父老[①]争言雨水匀[②]

父老争言雨水匀，眉头不似去年颦[③]（pín）。殷勤[④]谢却甑中尘[⑤]。

啼鸟有时能劝客，小桃无赖[⑥]已撩人[⑦]。梨花也作白头新[⑧]。

◎注释

① 父老：指村中德高望重的老人。

② 雨水匀：指风调雨顺。

③ 颦：皱眉，愁苦的样子。

④ 殷勤：态度热切。

⑤ 甑中尘：甑中积满尘土，没有米下炊。这里暗指家中贫苦。

⑥ 无赖：顽皮，淘气。

⑦ 撩人：挑逗人，引逗人。

⑧ 白头新：这里指雪白的梨花开满枝头。语出《史记·鲁仲连邹阳列传》："白头如新，倾盖如故。"

◎译文

父老乡亲们争先恐后地来告诉我说，今年风调雨顺，一定会有好的收成，他们不会再像去年那样收成不好，发愁没有米下锅了。所以，他们今年是早早就把灶具上的尘土清洗干净了。

一群鸟儿在树枝上欢快地啼叫着，像是在劝我多喝几杯，桃树的嫩枝上已经绽出娇艳的花朵，十分逗人喜爱。梨花开满了一树又一树，那白色的花朵，像是刚刚给它新添的一头白发。

◎创作背景

宋宁宗庆元六年（1200 年），词人闲居瓢泉边，田园的恬静和村民的质朴使他深为感动，灵感翻飞，于是写下了这首词。

◎赏析

这首词通过描写风调雨顺的好年景给村民们带来的丰收在望的喜悦之情，表达词人对生活在底层的劳苦大众的深切同情。

“父老争言雨水匀，眉头不似去年颦”，既描写乡亲们期盼丰收时眉开眼笑的场景，也暗示南宋社会的经济状况极弱，普通百姓的日子只能是靠天吃饭，没有任何的保障。“争言”二字刻画父老的欣喜之状，涵蕴丰富。它暗示了去年的收成有多么糟糕。“争”字用得极为传神，写出了父老们喜气洋洋的状态。“不似”则让人在欣喜中感觉到了他们心中的一丝隐忧，细腻地刻画出村民们在遭受去年那个荒歉年头后心有余悸的状态。“颦”表明今年雨水均匀，风调雨顺，预示着将有一个好的收成，连饱经乱世的老人们眉头都得以舒展，可以想见他们已经被灾荒歉收的年头搞怕了。

“殷勤谢却甑中尘”，这一句描写与上一句形成强烈的对比，画面感很强,仿佛可以看到父老们脸上洋溢着的笑容。“甑中尘”照应上句话的“去年颦”，因为去年收成不好，无食可煮，所以甑上生尘，如今村民殷勤除尘，表明今年光景已有所改观。而村民殷勤清洗甑这种一般不常用的炊具，又寓示着家里来了客人，需要设酒作食，隆重款待，从而引出下文。

“啼鸟有时能劝客，小桃无赖已撩人。梨花也作白头新”，从听觉和视觉两个方面转笔描写出山村春天的美景：一幅充满生机的百鸟啼鸣、桃李芬芳的热闹春景图。村中父老殷勤待客，令词人非常感动，于是便以啼鸟能劝客这种方式将其含蓄地表现出来。“劝”“撩”两个字新颖贴切，将啼鸟和小桃的活泼动人描写得惟妙惟肖，十分传神，富有感染力。“有时”二字暗示这种好年景并非年年都有。词人以“白头”自喻已经衰老，照应前文的“父老”。“白头新”一语双关，既是写花，更是写人，可以想见白发苍苍的词人看到村中丰收在望的情景精神为之一振的情状。

这首词绘景纯用白描，以物拟人，生气勃勃，欢快跳动，足见词人对村民们来之不易的丰收年景由衷地欣喜。

全篇叙事晓畅，意境清新，承接缜密，环环相扣，情韵悠长，流露出对山野民风之淳厚及待客之浓情的高度赞美。

◎轶闻异物录

“白头如新，倾盖如故”典故

西汉时期，邹阳因为受人诬陷，被梁孝王关进监牢，即将被处死。邹阳十分激愤，他在狱中给梁孝王写了一封绝笔信，信中说道，俗话说：“有相处到老还是陌生的，也有停车交谈一见如故的。”为什么？关键在于理解和不理解啊。所以樊於期从秦国逃到燕国，把自己的头交给荆轲来帮助太子丹的事业；王奢离开齐国投奔魏国，亲上城楼自杀来退齐军以保存魏。王奢、樊於期并非对齐、秦陌生而与燕、魏有久远的关系，他们离开前两个国家，为后两个国君效死，是因为行为与志向相合，他们无限地仰慕义气。因此苏秦不被天下各国信任，却为燕国守信而亡；白圭为中山国作战连失六城，到了魏国却能为魏攻取中山国。为什么？确实是因为有了君臣间的相知啊。苏秦做燕相时，有人向燕王说他坏话，燕王按着剑把发怒，把贵重的马肉给苏秦吃。白圭攻取中山国后很显贵，有人向魏文侯说他坏话，魏文侯赐给白圭夜光璧。为什么？两个君主两个臣子，互相敞开心扉、肝胆相照，岂能被不实之词所改变呢！梁孝王读了邹阳的信后，很受感动，立即释放了他，并以贵宾的礼节接待他。

鹧鸪天·有客慨然谈功名，因追念少年时事[1]戏作

壮岁旌旗拥万夫[2]。锦襜(chān)突骑[3]渡江初。燕兵夜娖[4](chuò) 银胡䩮[5] (lù)，汉箭朝飞金仆姑[6]。

追往事，叹今吾。春风[7]不染白髭 (zī) 须[8]。却将万字平戎策[9]，换得东家[10]种树书[11]。

◎注释

① 少年时事：这里指词人年轻时在山东济南起兵抗金的那段往事。

② 壮岁旌旗拥万夫：化用黄庭坚《送范德孺知庆州》“春风旌旗拥万夫”诗意。壮岁：少壮之时。

③ 锦襜突骑：穿锦绣短衣的精锐骑兵。锦襜：用丝锦做成的战袍。襜：战袍。

④ 夜娖：形容金兵在夜晚十分警觉，细心防备。娖：谨慎的样子。

⑤ 胡䩮：一种用皮制成的测听器，军士枕着它，可以测听三十里内外的人马声响。

⑥ 金仆姑：箭名，这里泛指箭。

⑦ 春风：这里比喻青春。

⑧ 髭须：胡子。唇上称髭，唇下称须。

⑨ 平戎策：论平定外敌的战策，这里指词人南归后向朝廷提出的《美芹十论》《九议》等在政治上、军事上都很有价值的抗金意见书。

⑩ 东家：东邻。

⑪ 种树书：本意是研究如何种树的书籍，这里代指隐居耕种的生活。

◎译文

我年轻的时候曾率领过上万人的军队，跟随我一同渡江的

都是穿着锦衣的精锐骑兵。金兵们夜里都很警觉，他们枕着箭袋和测听器睡觉，而我们汉人的军队一大早便向敌人发起了猛烈的进攻，万箭齐发射向敌人的老巢。

回想起过去的事，不免感叹如今的自己，春风也不能把我的白胡子染成黑色了。我都把那长达万字“平戎策”拿出来，去跟东边的人家换来种树的书了。

◎创作背景

这首词约作于宋宁宗庆元六年（1200 年）。辛弃疾在各地做了二十多年的文武官吏，因进行练兵筹饷活动，常被弹劾，罢官家居江西的上饶、铅山，接近二十年。他处处受到投降派的掣肘，报效国家的壮志难酬。这首词是他晚年闲居瓢泉时，碰到客人和他谈起建立功名的事，引起他回想从青年到晚年的经历而作。

◎赏析

这首词通过概括一名抗金将领报国无门的悲惨遭遇，抒发词人壮志难酬的悲愤心情。

“壮岁旌旗拥万夫。锦襜突骑渡江初”，这两句用洗练的笔墨，形象地概括出青年时代的词人率义军渡江南来的壮观情景。“旌旗”和“万夫”，表明声势浩大，刻画出一位在千军万卒簇拥下驰骋于沙场的英勇青年将军的形象，写出了当年活捉张安国后连夜南奔渡江见宋高宗的雄壮气势。

“燕兵夜娖银胡䩮，汉箭朝飞金仆姑”，描写南奔时突破金兵防线，和金兵战斗的场面。“夜娖银胡䩮”侧面说明义军进兵神速，出其不意。用“拥”“飞”表动作，从旌旗、军装、兵器上加以烘托，写得如火如荼，有声有色，极为饱满有力，富有感染力。

“追往事，叹今吾。春风不染白髭须”，追怀往事。“追”和

“叹”将上片的忆旧引出下片的叙今，今昔对照，包含了多少岁月与挫折。“白髭须”是阐明“叹今吾”的主要内容，感叹青春不再，韶华易逝，同时也是词人不甘心年老，言外有壮志尚未彻底湮灭之意，一句中有多层含意，感慨极为深沉。

“却将万字平戎策，换得东家种树书”，这两句以最鲜明、最典型、最生动的形象，突出词人的理想与现实的尖锐矛盾，突出他一生的政治悲剧，将之前的感慨引向更深刻、更沉痛的高度。词人怀着一片报国之心南渡归宋，满怀希望地打算为宋杀敌建功，但却不被高宗重用，亦不采纳他的平戎之策，长期被闲置不用，使他壮志沉没，无法一展怀抱，倒不如向人换来种树书，还有一些生产上的实用价值。这是词人无奈的自我讽刺，于诙谐深沉中流露出牢骚悲愤，心伤透骨，沉郁苍凉，令人扼腕。

纵观全词，上下两片对比强烈，情绪跳荡明显，结构紧凑，一气呵成。如彭孙遹《金粟词话》评辛词所说的：“激昂排宕，不可一世”，是词人最出色、最有分量的小令词。

◎轶闻异物录

辛弃疾抗金

宋高宗绍兴三十一年（1161 年），金主完颜亮率大军南下，其后方比较空虚，北方被占区的人民，乘机进行起义活动。山东济南的农民耿京，领导一支起义军，人数达二十余万，声势浩大。当时年才二十二岁的辛弃疾，也组织了两千多人的起义队伍，归附耿京，为耿京部掌书记。辛弃疾建议起义军和南宋取得联系，以便配合战斗。

第二年正月，耿京派他们一行十余人到建康（今江苏南京）谒见宋高宗。高宗得讯，授耿京为天平军节度使，授辛弃疾承务郎。辛弃疾等回到海州，听说叛徒张安国杀了耿京，投降金人，义军溃散。他立即在海州组织五十名勇敢义兵，直趋济州（治今山东巨野）张安国驻地，要求和张会面，出其不意，把张缚置马上，再向张部宣扬民族大义，带领上万军队，马不停蹄地星夜南奔，渡过淮水才敢休息。

辛弃疾到临安把张安国献给南宋朝廷处置。但宋高宗没有抗金的决心，又畏惧起义军。辛弃疾南归之后，义军被解散，安置在淮南各州县的流民中生活；他本人被任命为江阴佥判，一个地方助理小吏。这等于给他们当头一个沉重的打击，使他们深感失望。

贺新郎·别茂嘉十二弟[①]

绿树听鹈鴂，更那堪、鹧鸪[②]声住，杜鹃[③]声切。啼到春归无寻处，苦恨芳菲都歇。算未抵[④]、人间离别。马上琵琶[⑤]关塞黑[⑥]。更长门[⑦]、翠辇[⑧]（niǎn）辞金阙[⑨]。看燕燕，送归妾。

将军百战身名裂。向河梁[⑩]、回头万里，故人长绝。易水萧萧[⑪]西风冷，满座衣冠似雪。正壮士、悲歌未彻。啼鸟还知如许恨[⑫]，料不啼清泪长啼血。谁共我，醉明月？

◎注释

①茂嘉十二弟：辛茂嘉，辛弃疾的族弟，在家族排行十二，故称十二弟。

②鹧鸪：其鸣声凄切，像“行不得也哥哥”。

③杜鹃：其声哀婉，像“不如归去”。

④未抵：比不上。

⑤马上琵琶：引用西汉王昭君出塞远嫁匈奴的事。

⑥关塞黑：指王昭君出塞时，边关要塞一片昏暗。

⑦长门：汉宫名，武帝陈皇后失宠后的幽居之所。

⑧翠辇：用翠羽装饰的宫车。

⑨金阙：宫殿。

⑩向河梁：引用李陵别苏武的事。

⑪易水萧萧：引用荆轲刺秦王的事（见《史记·刺客列传》）。

⑫如许恨：这么多恨。

◎译文

从绿树层里听见鹈鴂的啼叫，那声音凄切，令人悲伤不已。

鹧鸪鸟“行不得也哥哥”的啼叫刚停，杜鹃又发出“不如归去”的悲号。这些啼鸣啼得春天归去，再也无处寻觅，芬芳的百花也都枯萎，实在令人痛心。这桩桩件件的凄清也抵不上人间生离死别的痛楚。汉代王昭君骑在马上弹着琵琶，奔向黑沉沉的关塞荒野。更有陈皇后退居长门别馆，坐着翠碧的宫辇辞别皇宫。春秋时，卫国庄姜望着燕子双飞，远送休弃去国的归妾。

身经百战、战功无数的汉代名将李陵却最后一次兵败归降匈奴而身败名裂。到河边轿头送别苏武，回头遥望故国，却远隔万里，与故友永远诀别。荆轲冒着萧瑟秋风，所有人皆着白衣素服相送，慷慨的悲歌无尽无歇。啼鸟如果知道人间有如此多的悲恨，料想它也不再悲啼清泪，而是悲啼鲜血。如今茂嘉弟远别，还有谁与我饮酒共醉赏明月？

◎创作背景

这首词约作于宋嘉泰三年（1203 年），辛弃疾闲居瓢泉期间。辛弃疾的族弟茂嘉也是一位志在抗金的忠义之士，当时因事贬官桂林，词人感慨颇深，更对自己长期遭贬怀有强烈的悲愤之情，借茂嘉的事抒发自己的身世之感与家国之悲。

◎赏析

这首词为送别抒怀之作，但内容和创作手法与一般的词不同，内容上几乎与茂嘉的送行无关，而是专门罗列古代种种人间离情别恨，借送别族弟，抒发美人不遇、英雄名裂、壮士难酬的义愤。

“绿树听鹈鴂，更那堪、鹧鸪声住，杜鹃声切。啼到春归无寻处，苦恨芳菲都歇”，开篇点题，描写送别的环境。词人采用兴与赋相结合的创作手法，连举“鹈鴂”“鹧鸪”“杜鹃”三种与离别有关的鸟鸣，勾勒出一种悲凉伤感的氛围，达到了实中有虚、虚中有实的艺术效果。“苦恨”表明词人在个人悲欢离合的感受之上，又融入了深沉的家国之悲。

“算未抵、人间离别”，由景入情，由鸟悲转到人间的别离，将人间的别离和啼鸟的悲鸣作比较，以抑扬的手法承上启下，为下文抒写“别恨”做足铺垫。

“马上琵琶关塞黑，更长门、翠辇辞金阙。看燕燕，送归妾”，这几句连用昭君、陈皇后、庄姜三个妇人事，罗列出古人的离仇别恨，词人特意选用这些典故，使人不禁联想到北宋末年朝廷对金国妥协投降、皇帝与三宫六院美人被俘北行的惨痛事实。

“将军百战身名裂。向河梁、回头万里，故人长绝。易水萧萧西风冷，满座衣冠似雪。正壮士、悲歌未彻”，引用苏武、李陵与荆轲的典故，以历史上的匈奴、秦国喻金国，借用李陵、荆轲的悲剧暗喻一生坚持抗金的词人壮志不酬的愤懑之情，营造出一个悲剧气氛极浓的抒情意境。可见词人在这里所抒写的不仅仅是兄弟之间的情谊，而是用这些故事暗喻家国兴亡及他本人作为失败英雄的身世之感。

“啼鸟还知如许恨，料不啼清泪长啼血”，这两句遥应开篇，以鸟起，以鸟结，首尾回旋，化无情为有情，为下句转入送别正题作铺垫。

“谁共我，醉明月”，结尾承上面两句转结到送别茂嘉之事上。以问句收场，顿挫跌宕，余意不尽，集中表现了词人最大的孤独，最高度的悲愤。这两句点破题目，把上面大片凌空驰骋的想象和描写，一下子收拢到题中来，显得善于大处落墨，别开生面。

全词笔力雄健，沉郁苍凉，写得极为悲愤慷慨，典型地代表了辛词的思想特征和艺术风格。这首词用典广泛，思路宽广，借历史悲剧表达了词人的身世之悲和家国兴亡之叹。

◎轶闻异物录

荆轲

荆轲（？ —前 227），战国末期卫国朝歌（今河南鹤壁淇县）人，春秋时期齐国大夫庆封的后代，后迁居卫国。战国时期著名刺客，也称庆卿、荆卿、庆轲。

荆轲喜欢读书击剑，为人慷慨侠义。曾游说卫元君，不为所用。后游历到燕国，随之由田光推荐给太子丹。秦国灭赵后，兵锋直指燕国南界，太子丹决定派荆轲入秦行刺秦王。

荆轲献计太子丹，拟以秦国叛将樊於期（？ —前 227）首级及燕督亢（今河北涿州市、易县、固安一带，是一块肥沃的土地）地图进献秦王，见机行刺。

公元前 227 年，荆轲带燕督亢地图和樊於期首级，前往秦国刺杀秦王。临行前，许多人在易水边为荆轲送行，场面十分悲壮。“风萧萧兮易水寒，壮士一去兮不复还”，这是荆轲在告别时所吟唱的诗句。荆轲来到秦国后，秦王在咸阳宫隆重召见了他。荆轲在献燕督亢地图时，图穷匕见，刺秦王不中，被杀。

秦王经此事件后决心立刻灭燕国，燕国国君杀太子丹以求和。

永遇乐·京口[①]北固亭[②]怀古

千古江山，英雄无觅，孙仲谋[③]处。舞榭（xiè）歌台[④]，风流[⑤]总被，雨打风吹去。斜阳草树，寻常巷陌[⑥]，人道寄奴[⑦]曾住。想当年[⑧]，金戈铁马，气吞万里如虎。

元嘉草草[⑨]，封狼居胥[⑩]，赢得仓皇北顾[⑪]。四十三年[⑫]，望中犹记，烽火扬州路[⑬]。可堪[⑭]回首，佛（bì）狸祠[⑮]下，一片神鸦[⑯]社鼓[⑰]。凭谁问，廉颇[⑱]老矣，尚能饭否?

◎注释

①京口：古城名，今江苏镇江市。因临京岘山、长江口而得名。

②北固亭：又名北顾亭，位于镇江东北长江南岸的北固山上，是东晋时蔡谟所建。

③孙仲谋：孙权，字仲谋，三国时期吴国的开国皇帝，京口是吴国对抗魏国的战略要地，孙权曾常来此地。

④舞榭歌台：演出的舞台，这里代指孙权故宫。榭：建在高台上的房子。

⑤风流：指孙权的英雄业绩和风流余韵。

⑥寻常巷陌：这里指狭窄的街道。寻常，古代指长度，八尺为寻，倍寻为常，形容狭窄，这里引申为普通、平常的意思。

⑦寄奴：南朝宋开国皇帝刘裕（363—422），小名寄奴。

⑧想当年：借颂扬刘裕北伐，收复大片失地来暗喻南宋朝廷的不作为。

⑨元嘉草草：这里指刘裕儿子宋文帝刘义隆好大喜功，仓促北伐，反而让北魏太武帝拓跋焘抓住机会，以骑兵集团南下，兵抵长江北岸而返，遭到对手的重创。元嘉：宋文帝刘义隆的年号（424—453）。草

草：匆忙、仓促、轻率。

⑩ 封狼居胥：汉武帝元狩四年（前 119 年），大将霍去病远征匈奴，歼敌七万余，封狼居胥山而还。封：积土为坛于山上，祭天曰封，祭地曰禅，古时用这个方法庆祝胜利。后来用“封狼居胥”代指北伐立功。这里用以影射南宋张浚的隆兴北伐。狼居胥：山名，今蒙古国境内肯特山。

⑪ 仓皇北顾：元嘉二十七年（450 年），刘宋大将王玄谟北伐失败，北魏军队乘胜追到长江北岸，声称要渡江，吓得宋文帝亲自登上建康幕府山向北观望形势，对草率北伐表示后悔。这里用来影射宋孝宗隆兴元年（1163 年）张浚仓促北伐失败之事，并告诫韩侂胄等当权派不要仓促北伐，以免重蹈覆辙。北顾：败逃中回头北望。

⑫ 四十三年：一说自张浚隆兴北伐失败，至词人写这首词时，前后共四十三年。一说自辛弃疾南归，即宋高宗绍兴三十二年（1162 年）起至写这首词时共四十三年。

⑬ 烽火扬州路：指当年隆兴北伐失败后，扬州地区到处都是抗击金兵南侵的战火烽烟。路：宋朝时的行政区划。

⑭ 可堪：岂堪，哪堪，怎能忍受得了。

⑮ 佛狸祠：北魏太武帝拓跋焘（408—452），小名佛狸。元嘉二十七年（450 年），他曾反击刘宋，两个月的时间里，兵锋南下，五路远征军分道并进，从黄河北岸一路穿插到长江北岸，在长江北岸瓜埠山建立行宫。后世将其改建为祠，称佛狸祠。

⑯ 神鸦：指栖息在庙里，吃祭品的乌鸦。

⑰ 社鼓：民间祭祀土地神时的鼓声。

⑱ 廉颇：战国时赵国名将。《史记·廉颇蔺相如列传》记载，廉颇被免职后，跑到魏国，赵王想再用他，派人去看他的身体情况，廉颇的仇人郭开贿赂使者，使者看到廉颇，廉颇为此一顿饭吃了米饭一斗，肉十斤，被甲上马，以示尚可用。而使者却回来报告赵王说：“廉颇将军虽老，尚善饭，然与臣坐，顷之三遗矢矣。”赵王以为廉颇已老，遂不用。这里用来表示自己虽然老了，但仍像廉颇一样有雄心和胆力，

可惜已经不被重视。

◎译文

千古江山，万代依旧，有雄才大略的英雄孙仲谋，却已无处寻觅。无论是繁华的舞榭歌台，还是流风余韵的英雄人物，都将被这无情的风雨吹打而去。那斜阳中望见的草树，那普通百姓的街巷，人们说寄奴曾经居住过。遥想当年，他带领强大精锐的军队，气吞骄虏如猛虎。

轻率鲁莽的元嘉帝，想建立不朽战功封狼居胥，最终却落得仓皇逃命，北望追兵泪下无数。还记得四十三年前，我战斗在硝烟弥漫的扬州路。真是不堪回首，拓跋焘的行宫下，神鸦的叫声应和着喧闹的社鼓。有谁还会来问，廉颇将军年事已高，他的身体是否强健如故？

◎创作背景

这首词写于宋宁宗开禧元年（1205 年），辛弃疾时年六十六岁。当时韩侂胄执政，正积极筹划北伐，闲置已久的辛弃疾于前一年被起用为浙东安抚使，这年春初，又受命担任镇江知府，戍守江防要地京口。从表面看来，朝廷对他似乎很重视，然而实际上只不过是利用他那主战派元老的招牌作为号召而已。辛弃疾到任后，一方面积极布置军事进攻的准备工作，但另一方面，他又清楚地意识到政治斗争的险恶，自身处境的孤危，深感很难有所作为。辛弃疾支持北伐抗金的决策，但是对独揽朝政的韩侂胄轻敌冒进的做法，又感到忧心忡忡，他认为应当做好充分准备，绝不能草率从事，否则难免重蹈覆辙，使北伐再次遭到失败。辛弃疾的意见没有引起南宋当权者的重视，他来到京口北固亭，登高眺望，怀古忆昔，心潮澎湃，感慨万千，于是写下了这篇词中佳作。

◎赏析

这首词通过对历史英雄人物的缅怀和对当朝执政者的讽刺，今昔对比，表明词人为国立功和坚决抗金的决心以及反对冒进误国的立场和态度。

“千古江山，英雄无觅，孙仲谋处。舞榭歌台，风流总被，雨打风吹去”，开篇抒发词人江山依旧，英雄不再、后继无人的感慨。“千古”，是时代感，照应题目“怀古”;“江山”是现实感，照应题目“京口北固亭”。词人以“千古江山”起笔,喷薄而出，力沉势雄，显示出词人非凡的英雄气魄和无比宽广的胸襟，也说明了词人作词为文的起因不是囿于一己私利，而是不忍见大好江山沦落异族之手，这就为本词定下了较高的格调。而后的两句是在上句的基础上推进一层，非但再也找不到孙权这样的英雄人物，连他当年修建的“舞榭歌台”，那些反映他光辉功业的遗物，也都被“雨打风吹去”，杳无踪迹了。江河不改，青山依旧，但历史却是风云变幻、物是人非。

“斜阳草树，寻常巷陌，人道寄奴曾住。想当年，金戈铁马，气吞万里如虎”，写眼前景，却由此而联想到另一位英雄人物刘裕及其功绩。“想当年”，再现了英雄当年的气魄，表达了词人对刘裕的钦佩和无限景仰之情。“金戈铁马”，英雄人物留给后人的印象是深刻的，可是刘裕这样的英雄，他的历史遗迹，如今也是同样地找不到了，只有那“斜阳草树，寻常巷陌”。时光流逝、岁月不居，给词人带来无限怅惘。词人将自己怀才不遇、壮志难酬的困顿与历史英雄人物功成名就、名留青史作对比,表达了对英雄们的追慕与缅怀,抒发了自己怀才而不能施展、有壮志却难以实现的无奈心境，其悲凉之感、怅惘之情，溢于言表，为全篇奠定了沉郁苍凉的情感基调。

“元嘉草草，封狼居胥，赢得仓皇北顾”，借古喻今，意在警告主战权臣韩侂胄不要草率出兵，要吸取前人和自己的历史教训。

“四十三年，望中犹记，烽火扬州路”，追忆往事，回顾自己的一生。“望中犹记”，词人回忆四十三年前北方人民反抗异族统治的斗争此起彼伏，如火如荼，自己也在战火弥漫地区参加抗金斗争的情景。“烽火扬州路”，后来渡淮南归，原想凭借国力，恢复中原，不期南宋朝廷昏聩无能，使他英雄无用武之地，如今已成了老人，而壮志依然难酬，追思往事，不胜感慨。

“可堪回首，佛狸祠下，一片神鸦社鼓”，由回忆往昔转入描写眼前实景。以古喻今，佛狸很自然地就成了完颜亮的影子，如今“佛狸祠下，一片神鸦社鼓”与“四十三年，烽火扬州路”形成鲜明的对比，当年沦陷区的人民与异族统治者进行不屈不挠的斗争，烽烟四起，但如今，沦陷区的人民已经安于异族的统治，竟至于对异族君主顶礼膜拜，这是多么痛心的事。不忍回首往事，实际是不忍目睹眼前的事实。词人以此来正告南宋统治者，收复失土，刻不容缓，如果继续拖延，民心日去，中原就再无希望收回。

“凭谁问，廉颇老矣，尚能饭否”，最后词人以廉颇自比，抒发内心的矛盾之感。廉颇的典故用得十分贴切，含蕴也非常丰富，一是表白决心，和廉颇当年对赵国一样，自己对南宋朝廷也是忠心耿耿，只要起用，当仁不让，奋勇争先，随时奔赴疆场，抗金杀敌。二是显示能力，自己虽然年老，但仍然和当年廉颇一样，老当益壮，勇武不减当年，可以充任北伐主帅。三是抒写忧虑，廉颇曾为赵国立下赫赫战功，可为奸人所害，落得离乡背井，虽愿为国效劳，却是报国无门；词人以廉颇自况，忧心自己有可能重蹈覆辙，朝廷弃而不用，用而不信，才能无法施展，壮志不能实现。辛弃疾的忧虑不是空穴来风，果然韩侂胄等人不能采纳他的意见，对他疑忌不满，在北伐前夕，以“用人不当”为名免去了他的官职。辛弃疾渴盼为恢复大业出力的愿望又一次落空。

全词豪壮悲凉，义重情深，放射着爱国主义的思想光辉。词人怀着无比深重的忧虑和一腔悲愤一挥而就，词中虽然用典很多，但这些典故却用得天衣无缝，紧扣题旨，意境壮美，增强了词作的感染力，成就了这首词的大气磅礴，是怀古咏志的不朽名作。

◎轶闻异物录

佛狸祠

佛狸祠在长江北岸今南京市六合区东南的瓜埠山上。瓜埠山地势险要，是古代兵家必争之地。宋文帝元嘉二十七年（450 年），刘宋军队北伐惨败，北魏太武帝拓跋焘趁势反击刘宋。十月末，北魏军开始全线反攻。十二月上旬，五路北魏远征军兵临长江北岸："诸军皆同日临江，所过城邑，莫不望尘奔溃，其降者不可胜数。"（见《魏书·世祖纪·下》）。拓跋焘的东路军到达建康（今南京市）北面的瓜埠山，并在瓜埠山上建行宫，后来行宫成为一座庙宇。拓跋焘小字佛狸，所以民间把这座庙宇叫作佛狸祠。后来的老百姓只把佛狸当作一位神来奉祀，而不会去审查这神的来历。

辛弃疾大事记

1. 宋高宗绍兴十年（1140 年），一岁。生于山东东路济南府历城县（今济南历城）。此时北方已陷于金人之手。父亲辛文郁早逝，由祖父辛赞抚养成人。少年时与党怀英同受学于刘瞻，并称“辛党”。

2. 宋高宗绍兴二十四年（1154 年），十五岁。由济南府保荐赴燕京参加会试，落榜。借机侦察北方敌情。

3. 宋高宗绍兴三十一年（1161 年），二十二岁。祖父辛赞逝世。金主完颜亮大举南侵，在其后方，汉族人民奋起反抗，辛弃疾聚集两千人，在济南以南地区举事，后归青州耿京起义军，任掌书记。

4. 宋高宗绍兴三十二年（1162 年），二十三岁。金人内部矛盾爆发，完颜亮在前线为部下所杀，金军向北撤退。正月，耿京命辛弃疾、贾瑞奉表南归，十八日到达南京，当天被赵构召见授右承务郎之职，命其联络义军南归事，归途中得知叛徒张安国杀害耿京投降金人，辛弃疾率五十骑勇闯金营，生擒张安国，率众急进渡江归宋。

5. 宋孝宗隆兴元年(1163 年),二十四岁。春,归于南宋后成家,寓居京口。创作《汉宫春・立春日》。

6. 宋孝宗隆兴二年（1164 年），二十五岁。以勇敢和果断名重一时，被任命为江阴签判，负责起草书写来往公文，协助知军处理地方政务,开启在南宋的仕宦生涯。有感于南宋朝廷无人出来主持抗金大业,作《满江红・暮春》词。

7. 宋孝宗乾道元年（1165 年），二十六岁。初到南方，写了不少有关抗金北伐的建议，其中最著名的《十论》，又称《美芹十论》[一说是乾道四年（1168），在建康通判任上，上《美芹十论》《九议》]。

8. 宋孝宗乾道四年(1168 年),二十九岁。调任建康(今江苏南京)通判。

9. 宋孝宗乾道八年（1172）春，三十三岁。由司农寺主簿调滁州知州。

10. 宋孝宗淳熙元年（1174 年）春，三十五岁。离开滁州，到建康留守叶衡幕中任江东安抚司参议官。秋冬之交，叶衡拜相，辛弃疾因他推荐被孝宗召见，调任临安仓部郎官，作《一剪梅·游蒋山呈叶丞相》词。

11. 宋孝宗淳熙二年（1175 年）六月，三十六岁。在信州（今江西上饶市铅山县鹅湖镇）鹅湖寺举行了一次中国思想史上著名的哲学辩论会，也称“鹅湖之会”。朱熹、吕祖谦、陆九渊等在此进行哲学辩论。

12. 宋孝宗淳熙三年（公元 1176 年），三十七岁。任江西提点刑狱，经常巡回往复于湖南、江西等地，作著名的《菩萨蛮·书江西造口壁》词。

13. 宋孝宗淳熙四年（公元 1177 年），三十八岁。春，知江陵（今荆州市荆州区）府兼湖北安抚使。冬，见江陵军统制官率逢原为祸一方，上疏要求惩处，被调任知隆兴府兼江西安抚使。

14. 宋孝宗淳熙五年（1178 年）三十九岁。春，刚由江陵任上调任江西隆兴（今江西南昌）安抚使三个月，又奉诏入京，任大理寺少卿。在临安大理寺少卿任上不足半年，又调任湖北（武昌）转运副使。

15. 宋孝宗淳熙六年（1179 年），四十岁。三月，由湖北转运副使改任湖南转运副使，自湖北往湖南时，同官王正之置酒小山亭饯行，作千古绝唱《摸鱼儿·更能消几番风雨》。

16. 宋孝宗淳熙七年（1180 年），四十一岁。再次任知隆兴府兼江西安抚使时，对湖南土豪劣绅欺压农民的乡社进行整顿，创建湖南飞虎军。冬，改任右文殿脩撰、隆兴府知州兼江西安抚使。

17. 宋孝宗淳熙八年（1181 年），四十二岁。七月，因救荒有功，升为奉议郎。春初，在江西信州上饶兴建带湖新居，新居命名为“稼轩”，从此以稼轩为别号。十一月，由江西安抚使改任两浙西路提点刑狱公事，但随即又因台臣王蔺弹劾说其“用钱如泥沙，杀人如草芥”，被削职为民。罢官后，回到新居，开始闲居生活，作大量闲适词和田园词，如《清平乐·村居》。

18. 宋孝宗淳熙十五年（1188 年），四十九岁。正月，第一本词集《稼轩词甲集》由门人范开编定印行。在与上饶接壤的铅山县期思渡修建一所别墅，取名瓢泉，附近是鹅湖山、鹅湖寺，即学术史上胜地。

冬，友人陈亮来访，二人同游鹅湖，纵谈十日，称为南宋词坛上著名的鹅湖之会。

19. 宋光宗绍熙三年（1192 年），五十三岁。被起用为提点福建刑狱。

20. 宋光宗绍熙四年（1193 年），五十四岁。因光宗帝要召见，正月从福州启程，上《论荆襄上流为东南重地疏》，就长江上游的军事防御提出几点意见。奏对后，留在朝廷任太府卿。秋，升为集英殿修撰，重任福州知州兼福建路安抚使。

21. 宋光宗绍熙五年（1194 年），五十五岁。在福建安抚使任上，秋，以谏官黄艾、谢深甫的议论，自请充任祠禄官（有待遇而无权，为宋朝所特有）。

22. 宋宁宗庆元二年（1196 年），五十七岁。带湖居宅失火，全家移居铅山瓢泉新居。九月，又有言官提出弹劾，主管冲佑观的空名被剥夺。（冲佑观：宫观名。在福建省武夷山，始建于唐天宝年间，数易其名，宋称“冲祐观”。道教活动中心。宋代退职官员常主管观事，以领取半俸。朱熹、陆游等都主管过冲祐观 。）

23. 宋宁宗庆元四年（1198 年），被授予主管冲佑观之职。

24. 宋宁宗嘉泰三年（1203 年），六十四岁。被起用执掌绍兴府兼浙东安抚使，于会稽创建秋风亭。主张北伐的韩侂胄起用主战派人士，辛弃疾被任为知绍兴府兼浙东安抚使，先后被起用为绍兴知府、镇江知府等职。

25. 宋宁宗嘉泰四年（1204 年），六十五岁。晋见宋宁宗，认为金国“必乱必亡”（见《建炎以来朝野杂记》乙集），被加为宝谟阁待制、提举佑神观，并奉朝请。不久后，出知镇江府，获赐金带。

26. 宋宁宗开禧元年(1205 年),六十六岁。六月,调任隆兴知府,未到任,又因谏官弹劾，新令被撤。秋，怀着满腔悲愤返回铅山。

27. 宋宁宗开禧二年（1206 年）,六十七岁。春,被朝廷任为浙东安抚使，上书辞免。五月，朝廷正式下令北伐，正如辛弃疾所料，准备不足，各路军队在韩侂胄指挥下全线溃败。十二月，升为龙图阁待制、江陵知府，未就任。南宋向金求和，朝廷向其求问对时局的意见，拟任兵部侍郎，一再力辞，不肯出山。

28. 宋宁宗开禧三年（1207 年），六十八岁。召对之后，春，从杭州回铅山，八月，身染重病，在家中养病。秋，金人以索取韩侂胄的首级为退兵条件，韩大怒，拟再次对金用兵，想请辛弃疾出山为他声援，任命为枢密都承旨，并令他疾速到临安赴任。诏令到铅山，辛弃疾已经病重，卧床不起，只得上章请辞。九月初十（10 月 3 日）病逝，享年六十八岁。据说他临终时还大呼“杀贼！杀贼！”朝廷闻讯后，赐对衣、金带，视其以守龙图阁待制之职致仕，特赠四官。葬铅山南十五里阳原山中。

29. 宋理宗绍定六年（1233 年），追赠光禄大夫。宋恭帝（废帝）德祐元年（1275 年），经谢枋得申请，追赠为少师，谥号“忠敏”。